Leve seus Alunos ao Cinema

Leve seus Alunos ao Cinema

Myrna Silveira Brandão

QUALITYMARK

Copyright © 2011 Myrna Silveira Brandão

Todos os direitos desta edição reservados à Qualitymark Editora Ltda.
É proibida a duplicação ou reprodução deste volume, ou parte do mesmo,
sob qualquer meio, sem autorização expressa da Editora.

Direção Editorial	Produção Editorial
SAIDUL RAHMAN MAHOMED editor@qualitymark.com.br	EQUIPE QUALITYMARK

Capa	Editoração Eletrônica
RENATO MARTINS Artes & Artistas	EDEL

CIP-Brasil. Catalogação-na-fonte
Sindicato Nacional dos Editores de Livros, RJ

B817l

Brandão, Myrna Silveira
Leve seus alunos ao cinema / Myrna Silveira Brandão. – Rio de Janeiro :
Qualitymark Editora, 2011.
192p.: 23cm

Inclui bibliografia

ISBN: 978-85-7303-915-3

1. Cinema na educação. 2. Cinema – Aspectos sociais. 3. Educação –
Finalidades e objetivos. I. Título.

11-2961　　　　　　　　　　　　　　　　　　　　　　　　　CDD: 371.33523
　　　　　　　　　　　　　　　　　　　　　　　　　　　　　CDU: 37:791

2011
IMPRESSO NO BRASIL

Qualitymark Editora Ltda.
Rua Teixeira Júnior, 441
São Cristóvão
20921-405 – Rio de Janeiro – RJ
Tels.: (0XX21) 3295-9800 ou 3094-8400

Fax: (0XX21) 3295-9824
www.qualitymark.com.br
E-mail: quality@qualitymark.com.br
QualityPhone: 0800-0263311

Dedicatória

Para Carlos, Marlene e Marco Antonio
Para Marcus Vinicius, João Mário, Maria Antônia e Marina
Para Maria (in memorian)

Agradecimentos

Ana Mokarzel
Anna Maria Delgado
Antonio Tinoco Neto
Carla Lima
Carlos Alberto Barbosa
Carlos Alberto Mattos
Carlos Porto
Carlos Vitor Strougo
Celso Niskier
Eva Santana
Fábio Ribeiro
Fany Tchaikovsky
Flávia Serretti
Hamida Mahomed
Heitor Chagas de Oliveira
Hércoles Greco Sobrinho
Isa Oliveira e Silva
Leyla Nascimento
Jaqueline Freitas Arruda

João Jardim
José Carlos de Freitas
José Carlos Leal
José Padilha
José Pinto Monteiro
Joseph E. Champoux
Julio Alfradique
Leonardo Gomes
Luiz Augusto Costa Leite
Luiz Villaça
Márcia Luz
Marcos Antônio Lourenço
Maria Lucia Moreira
Nei Oliveira
Nelson Hoineff
Nelson Pereira dos Santos
Nelson Savioli
Marco Dalpozzo
Paulo Monteiro
Paulo Thiago
Robson Santarém
Rosane Nicolau
Rosirene Caetano
Saidul Rahman Mahomed
Silvio Roberto Santa Bárbara
Simon Khoury
Sonia Thereza Nogueira da Silva
Talita Snitcovsky
Vitor Cássio
Wilson Cotrim

Um agradecimento especial para Maria Antônia Gonçalves e Marina Moraes da Silveira pela colaboração no Capítulo **O Olhar dos Alunos**.

Apresentação

Educação e cinema – as duas áreas objeto deste livro – têm uma importância significativa no trabalho que desenvolvo.

Sempre atuei na área de desenvolvimento e, como cinéfila, todas as vezes que assistia a um filme, além de me deixar envolver pela magia do cinema, concluía o quanto ele pode nos ensinar em termos de história, artes, filosofia, antropologia, ciência, religião – a vida, enfim – e tantos conhecimentos que são mostrados nas telas. Na verdade, não há tema que não tenha sido ou não possa ser abordado pelo cinema.

Daí para uma associação com sua utilização como ferramenta de educação e desenvolvimento foi quase uma ação natural. É da ligação dessas duas áreas tão afins que tratam estas ideias que eu quero dividir com os que exercem a nobre função do magistério e também com aqueles que, de uma forma ou de outra, estão envolvidos com a área educacional.

Em muitos momentos deste trabalho também procuro partilhar o conhecimento que, ao longo dos anos, venho adquirindo sobre cinema, um estudo que para mim se mostrou altamente necessário, uma vez que estava utilizando o potencial dos filmes como ferramenta de aprendizagem.

Quero deixar meu reconhecimento ao Carlos Brandão, companheiro e coautor desta obra, no seu apoio constante de colaborador, revisor e crítico. Minha gratidão também para Marlene Gonçalves, irmã e amiga sempre presente e disposta a dar sua ajuda construtiva e consequente.

Registro um agradecimento especial para Hamida Mahomed por sua valiosa sugestão para este livro e o incentivo e o estímulo para sua realização.

Quero também agradecer a Leyla Nascimento, pela partilha de conhecimentos e afetividade – e que agora me dá a alegria de prefaciar este livro.

Igualmente meus agradecimentos especiais para José Padilha, Celso Niskier e Fábio Ribeiro, pela confiança e generosidade na apreciação deste trabalho.

Renovo também minha gratidão à Associação Brasileira de Recursos Humanos – ABRH-RJ, sua diretoria, conselho, equipe, membros e a todos com quem lá convivo, aprendo, troco experiências e saio sempre mais enriquecida.

Quero ainda dizer obrigada àquelas pessoas que, de uma forma ou de outra, contribuíram para este trabalho, seja com ensinamentos, palavras de estímulo, exemplos, concordâncias e críticas que, em última análise, nos levam à reflexão e ao crescimento.

Por último, desejo reiterar a importância de continuar recebendo sugestões e comentários de todos. Assim como os filmes que somente acontecem quando são vistos pelos espectadores, estas ideias só terão sentido se possibilitarem a troca e o conhecimento compartilhado.

Prefácio

Sensibilidade, competência profissional, compromisso com o Brasil e tantos outros são atributos que reconheço na autora Myrna Brandão, a quem tanto admiro e que tenho tido a oportunidade de desfrutar de seus trabalhos com a convivência em nosso voluntariado na ABRH – Associação Brasileira de Recursos Humanos.

Seus livros publicados, tendo sempre a tônica do cinema, mas com perspectivas e novos olhares de aprendizagem certamente vão muito além do que seus próprios autores e produtores imaginaram. São muitos os ensinamentos que o cinema nos traz, porque são retratos do cotidiano da vida. E isto aprendi com a própria autora, que enfatiza o quanto podemos entender o mundo corporativo e as pessoas pelo viés dos filmes e de suas histórias fictícias ou reais.

Com sua inteligência, brilhantismo e crítica de cinema, a autora lança esta obra que atende ao seu compromisso cidadão de contribuir para o Brasil. Percebe o quanto poderá contribuir com sua expertise para o processo de ensino-aprendizagem, oferecendo à Educação esta ferramenta poderosa de um livro que coloca o diálogo, a discussão e a análise crítica dos filmes acessível aos alunos e professores.

O valor desta obra está no cuidado apurado da autora ao catalogar os filmes sob o olhar do aluno, seus interesses, suas expectativas e suas necessidades de formação e preparo para a vida e futura carreira.

O primor da seleção de obras do cinema, contidas neste livro, efetivamente eleva a capacidade de aprendizagem e do diálogo, permitindo o desenvolvimento crítico do cidadão e seu compromisso com a vida, tão bem retratado no filme *Wall-e*.

Nesta obra encontramos uma grande contribuição de Myrna Brandão aos professores e o quanto são fundamentais no processo ensino-aprendizagem, tendo como base a referência pelo exemplo, como sua abordagem sobre o filme *Escritores da Liberdade*.

A perspectiva de uma escola libertadora, aberta à inovação, compreendendo que cada aluno é único, ressalta que é preciso os professores terem olhos e sentidos para ver e perceber a riqueza que cada criança e jovem traz consigo, para transformá-los em multiplicadores de ambientes melhores e um mundo melhor.

Ao trazer a discussão de filmes como *Escola da Vida* e *Sociedade dos Poetas Mortos*, a autora une a beleza da arte com a beleza da vida e transpõe para dentro dos muros da Educação uma oportunidade rara de fazer com que professores e alunos, pelo recurso do cinema, transformem o ensino num processo prazeroso e de muito valor.

Os 62 filmes aqui retratados fazem parte de uma rica coletânea que Myrna Brandão possui, cultiva e respira. É um tesouro de um trabalho profissional seu de anos de tributo e de amor ao cinema e de uma grande paixão por pessoas, tão bem refletida na sua forte atuação junto às áreas e aos profissionais de recursos humanos.

Estou muito feliz e reconhecida de ter o privilégio de escrever este prefácio de uma obra que faz parte com certeza da minha crença no poder da Educação e do Professor como transformador de um mundo mais humano.

Vou mais além. Este livro deve estar em todas as mesas dos gestores de pessoas que hoje, mais do que nunca, exercem o papel de educadores nas empresas. Com o conhecimento adentrando as empresas e organizações de uma forma avassaladora, os ambientes organizacionais estão se transformando em ambientes de aprendizagem e esta é também uma rica contribuição na relação gestor e colaborador.

Termino totalmente inspirada com o que apreendi neste livro, e cito um trecho do filme *Sociedade dos Poetas Mortos* que tanto admiro: *"Carpe diem quam minimum credula postero"*, significando que devemos colher o dia e confiar o mínimo no amanhã.

É assim que vejo a grande contribuição deste livro levando a discussão do cinema no dia a dia da escola/empresa, do professor/líder e do aluno/colaborador, levando uma forte orientação de visão de futuro.

Boa leitura!

Leyla Nascimento
Presidente da ABRH Nacional e Sócia Diretora do Instituto Capacitare

Sumário

Roteiro   *Indicação dos Filmes de Acordo com o Tema Procurado, XIX*

Capítulo 1 *Desenvolvimento do Conteúdo, 1*
    1. INTRODUÇÃO, 3
    2. POR QUE UTILIZAR, 4
    3. COMO UTILIZAR, 5
    4. ASPECTOS E/OU QUESTÕES QUE PODEM OCORRER, 7
        4.1 Envolvimento do grupo, 7
        4.2 Quando e com quem utilizar, 7
        4.3 Melhoria do programa, 7
        4.4 Sugestões para os debates, 7
        4.5 Filmes com várias versões, 8
        4.6 Temas fortes, 8
    5. SESSÕES COM CRIANÇAS, 8
    6. DOCUMENTÁRIOS, 9
    7. FILMES DE ANIMAÇÃO, 10
    8. HISTÓRIA DO CINEMA, 11

Capítulo 2 *Filmes para Professores, 17*
    Ao Mestre, com Carinho, 19

Cinema Paradiso, 21
O Clube do Imperador, 24
Clube dos Cinco, 26
Coach Carter – Treino para a Vida, 28
Com Mérito, 31
Conrack, 33
O Contador de Histórias, 35
Duelo de Titãs, 38
Educação de Pequena Árvore, 40
Entre os Muros, 42
Escola da Vida, 45
Escritores da Liberdade, 48
Filhos do Paraíso, 50
Lendas da Vida, 53
A Língua das Mariposas, 56
Meu Mestre, Minha Vida, 58
O Mestre da Vida, 60
Mr. Holland, Adorável Professor, 62
A Música do Coração, 64
Nenhum a Menos, 67
Um Novo Homem, 70
O Óleo de Lorenzo, 72
Olhos Azuis, 75
A Onda, 78
Orquestra dos Meninos, 80
Pequena Miss Sunshine, 82
Pro Dia Nascer Feliz, 85
À Procura da Felicidade, 87
Rudy, 90
Sementes da Violência, 93
Ser e Ter, 95
Sociedade dos Poetas Mortos, 98

Um Sonho Possível, 100
O Sorriso de Mona Lisa, 102
O Triunfo, 104
Up – Altas Aventuras, 106
Vem Dançar, 109
A Voz do Coração, 111
Wall-E, 113

Capítulo 3 *O Olhar dos Alunos, 115*
2012, 117
300, 119
O Banheiro do Papa, 121
A Conquista da Honra, 123
Cartas de Iwo Jima, 125
O Equilibrista, 127
A Era do Gelo, 129
Eu, Robô, 131
A Fuga das Galinhas, 133
A Guerra do Fogo, 135
Gênio Indomável, 137
Happy Feet, o Pinguim, 139
Lances Inocentes, 141
Madagáscar, 143
Uma Mente Brilhante, 145
Uma Noite no Museu, 147
A Origem, 149
Os Piratas do Vale do Silício, 151
Ratatouille, 153
A Rede Social, 155
Toy Story 3, 157
A Vida em Preto e Branco, 159

Referências Bibliográficas, 161

Roteiro

Este roteiro objetiva dar uma indicação de quais temas podem ser trabalhados e analisados com a utilização de vários filmes. Ao escolher o filme, no entanto, é fundamental ler o texto sobre ele para verificar se o mesmo enfatiza o tema procurado. Um filme, por exemplo, pode abordar o assunto em alguma(s) cena(s) mas o seu enfoque principal não se referir especificamente ao tema objeto da procura. Por outro lado, embora um filme possa abordar vários assuntos, muitas vezes ele tem um direcionamento maior para determinado tema.

Pelos mesmos motivos, é também importante assistir ao filme previamente antes da sessão com o grupo. Informações mais detalhadas podem ser encontradas no Capítulo 1.

■ *ADOLESCÊNCIA*

Clube dos Cinco
Escritores da Liberdade
Pro Dia Nascer Feliz
Lances Inocentes

■ *AMIZADE*

Cinema Paradiso
Lendas da Vida
Um Novo Homem
Up – Altas Aventuras
A Era do Gelo
O Gênio Indomável
Uma Noite no Museu
A Rede Social

■ *APRENDIZAGEM*

Ao Mestre, com Carinho

Leve seus Alunos ao Cinema

Cinema Paradiso
O Clube do Imperador
Com Mérito
Educação de Pequena Árvore
Entre os Muros
Escola da Vida
A Língua das Mariposas
Meu Mestre, Minha Vida
O Mestre da Vida
Mr. Holland, Adorável Professor
A Música do Coração
Nenhum a Menos
O Óleo de Lorenzo
Orquestra dos Meninos
À Procura da Felicidade
Sementes da Violência
Ser e Ter
Sociedade dos Poetas Mortos
Up – Altas Aventuras
A Voz do Coração
Wall-E
300

■ AUTOESTIMA

Conrack
Entre os Muros
Lendas da Vida
À Procura da Felicidade
Vem Dançar
A Rede Social

■ CIÊNCIA

O Óleo de Lorenzo
A Guerra do Fogo
A Origem

■ COMPORTAMENTO DE GRUPOS

Ao Mestre, com Carinho
O Clube do Imperador
Clube dos Cinco
A Música do Coração
Nenhum a Menos
Olhos Azuis
A Onda
Sementes da Violência
Sociedade dos Poetas Mortos
O Triunfo
A Fuga das Galinhas
A Rede Social

■ COMUNICAÇÃO

Cinema Paradiso
Escola da Vida
A Rede Social

■ CONFLITO

Ao Mestre, com Carinho
Com Mérito
Conrack
O Contador de Histórias
Duelo de Titãs
Entre os Muros
Escola da Vida
Meu Mestre, Minha Vida
Mr. Holland, Adorável Professor
Pequena Miss Sunshine
À Procura da Felicidade
Sementes da Violência
Sociedade dos Poetas Mortos
O Sorriso de Mona Lisa
A Rede Social

CONFIANÇA

O Clube do Imperador
O Contador de Histórias
Duelo de Titãs
Um Novo Homem
Rudy
Um Sonho Possível
A Rede Social

CRIATIVIDADE

Cinema Paradiso
Escola da Vida
Filhos do Paraíso
Um Novo Homem
Ser e Ter
Sociedade dos Poetas Mortos
Up – Altas Aventuras
O Banheiro do Papa
A Rede Social
A Vida em Preto e Branco

CULTURA

Ao Mestre, com Carinho
Cinema Paradiso
Educação de Pequena Árvore
Entre os Muros
Filhos do Paraíso
Nenhum a Menos
Sementes da Violência
Sociedade dos Poetas Mortos
O Sorriso de Mona Lisa
Madagáscar

DESAFIO

Ao Mestre, com Carinho
O Contador de Histórias
Lendas da Vida
A Música do Coração
Nenhum a Menos
Rudy
Sementes da Violência
O Triunfo
Vem Dançar

DIFERENÇAS INDIVIDUAIS

Clube dos Cinco
Happy Flet, o Pinguim

DISCIPLINA

Clube dos Cinco
Coach Carter – Treino para a Vida
Entre os Muros
Nenhum a Menos
A Onda

DISCRIMINAÇÃO

Coach Carter – Treino para a Vida
Olhos Azuis
A Onda
Ratatouille

DIVERSIDADE

O Contador de Histórias
Duelo de Titãs
Educação de Pequena Árvore
O Mestre da Vida

EDUCAÇÃO

Cinema Paradiso
Coach Carter – Treino para a Vida

Com Mérito
O Contador de Histórias
Educação de Pequena Árvore
Entre os Muros
Escola da Vida
Escritores da Liberdade
Filhos do Paraíso
Lendas da Vida
A Língua das Mariposas
Meu Mestre, Minha Vida
Olhos Azuis
A Onda
À Procura da Felicidade
Ser e Ter
O Triunfo
A Voz do Coração
Wall-E
300
Gênio Indomável

■ **EQUIPE**

Coach Carter – Treino para a Vida
Duelo de Titãs
Escritores da Liberdade
A Era do Gelo
A Fuga das Galinhas

■ **ÉTICA**

Ao Mestre, com Carinho
Cinema Paradiso
O Clube do Imperador
Com Mérito
A Língua das Mariposas
O Óleo de Lorenzo
Olhos Azuis

Sementes da Violência
Sociedade dos Poetas Mortos
A Rede Social

■ **FUTURISMO**

Escola da Vida
Wall-E
2012
Eu, Robô
A Rede Social

■ **HISTÓRIA**

Cinema Paradiso
2012
300
A Conquista da Honra
Cartas de Iwo Jima
A Guerra do Fogo
Uma Noite no Museu

■ **HUMANISMO**

Ao Mestre, com Carinho
Escola da Vida
A Música do Coração
Nenhum a Menos
O Óleo de Lorenzo
Sementes da Violência
A Voz do Coração
Toy Story 3

■ **INOVAÇÃO**

Escritores da Liberdade
Ser e Ter
Up – Altas Aventuras
O Banheiro do Papa

■ LIMITES

Coach Carter – Treino para a Vida
Escritores da Liberdade
Rudy
O Equilibrista

■ MEIO AMBIENTE

Educação de Pequena Árvore
2012
Happy Flet, o Pinguim

■ MEMÓRIA

Cinema Paradiso
A Conquista da Honra
Cartas de Iwo Jima

■ MUDANÇA

Conrack
O Contador de Histórias
Escritores da Liberdade
Meu Mestre, Minha Vida
Sementes da Violência
Sociedade dos Poetas Mortos
Um Sonho Possível
O Sorriso de Mona Lisa
Madagáscar
A Vida em Preto e Branco

■ NEGOCIAÇÃO

O Clube do Imperador
Com Mérito
Duelo de Titãs
Gênio Indomável

■ PADRÕES

Ao Mestre, com Carinho
Filhos do Paraíso
Nenhum a Menos
Sementes da Violência

■ PAPEL DO PROFESSOR

O Clube do Imperador
Mr. Holland, Adorável Professor
Pro Dia Nascer Feliz
Ser e Ter

■ PARADIGMAS

Ao Mestre, com Carinho
Escritores da Liberdade
Meu Mestre, Minha Vida
Sementes da Violência

■ PERSISTÊNCIA

A Música do Coração
Nenhum a Menos
O Óleo de Lorenzo
À Procura da Felicidade
Rudy
A Fuga das Galinhas

■ PODER

O Clube do Imperador
Meu Mestre, Minha Vida
O Óleo de Lorenzo
Sementes da Violência

■ POTENCIAL

O Mestre da Vida

Orquestra dos Meninos
A Voz do Coração

■ **PRECONCEITO**

Ao Mestre, com Carinho
Conrack
O Contador de Histórias
Duelo de Titãs
Educação de Pequena Árvore
A Música do Coração
Olhos Azuis
Sementes da Violência
Um Sonho Possível
O Sorriso de Mona Lisa
Vem Dançar
Happy Flet, o Pinguim
Ratatouille

■ **RECONHECIMENTO**

Coach Carter – Treino para a Vida
Escritores da Liberdade
Uma Mente Brilhante

■ **REDES SOCIAIS**

A Rede Social

■ **RESISTÊNCIA**

Ao Mestre, com Carinho
Conrack
Lendas da Vida
Sementes da Violência
O Sorriso de Mona Lisa

■ **RESPEITO**

O Clube do Imperador

Vem Dançar
O Equilibrista
A Era do Gelo

■ **RITOS DE PASSAGEM**

O Mestre da Vida
Pequena Miss Sunshine
Lances Inocentes
Madagáscar
Toy Story 3

■ **SISTEMAS EDUCACIONAIS**

Clube dos Cinco
Pro Dia Nascer Feliz
Sementes da Violência
Ser e Ter
Sociedade dos Poetas Mortos

■ **SOLIDARIEDADE**

Clube dos Cinco
Filhos do Paraíso
A Língua das Mariposas
A Música do Coração
Rudy
Um Sonho Possível

■ **SONHOS**

Cinema Paradiso
O Mestre da Vida
A Música do Coração
Orquestra dos Meninos
Rudy
Um Sonho Possível
Up – Altas Aventuras
O Equilibrista

Eu, Robô
A Origem

■ **SUPERAÇÃO**

Coach Carter – Treino para a Vida
Duelo de Titãs
Escritores da Liberdade
Lendas da Vida
O Mestre da Vida
A Música do Coração
Nenhum a Menos
O Óleo de Lorenzo
Orquestra dos Meninos
À Procura da Felicidade
Rudy
Sociedade dos Poetas Mortos
Um Sonho Possível
O Triunfo
Up – Altas Aventuras
A Era do Gelo
A Fuga das Galinhas
Madagáscar
Uma Mente Brilhante
Ratatouille

■ **TALENTO**

O Mestre da Vida
Um Sonho Possível
A Voz do Coração
O Equilibrista
Gênio Indomável
Lances Inocentes

Uma Mente Brilhante
A Rede Social

■ **TRADIÇÃO**

O Clube do Imperador
O Sorriso de Mona Lisa
Ratatouille

■ **TECNOLOGIA**

Wall-E
Eu, Robô
A Origem
Os Piratas do Vale do Silício
A Rede Social
Toy Story 3

■ **VALORES**

Ao Mestre, com Carinho
O Clube do Imperador
Com Mérito
A Língua das Mariposas
Olhos Azuis
Pequena Miss Sunshine
À Procura da Felicidade
Rudy
Sementes da Violência
Sociedade dos Poetas Mortos
O Sorriso de Mona Lisa
Wall-E
Eu, Robô
Ratatouille
A Vida em Preto e Branco

Capítulo 1
Desenvolvimento do Conteúdo

1. INTRODUÇÃO

O cinema é a arte que mais caracterizou o século que passou. Desde sua criação, em 1895, nenhum meio de comunicação mostrou com tanto realismo as situações vividas pelas pessoas no seu cotidiano e no seu trabalho.

Em inúmeros filmes, as cenas são tão realistas que levam muitas vezes os espectadores a concluir que, trazidas para a realidade do dia a dia, elas não seriam muito diferentes.

Assim, essa possibilidade de o cinema conseguir captar a realidade o transforma também, ao lado do seu aspecto de entretenimento e lazer, numa poderosa ferramenta cultural e didática.

Paralelamente, entre os muitos personagens abordados pelo cinema, a figura do professor tem sido uma das mais lembradas. Inúmeros filmes já mostraram histórias tendo como cenário as salas de aula e a convivência entre professores, alunos, pais e comunidade de modo geral.

Muitos já se tornaram clássicos e, por terem sido realizados em circunstâncias e épocas diferentes, mostram consequentemente várias formas da relação professores/alunos.

Mas a par dessa diversidade, ao destacar o papel dos mestres, tais filmes ressaltam também uma condição que tem permanecido em todas as épocas: a de que os verdadeiros professores são os que fazem com que suas aulas transcendam os limites das disciplinas que estão sendo ministradas e possibilitem uma formação plena, ampla e integral dos alunos, procurando através do convívio diário e de exemplos influenciar a formação de seu caráter e suas atitudes.

O conteúdo deste livro objetiva demonstrar que o cinema pode ser visto e utilizado como ferramenta de educação e trazer a indicação, a crítica e os comentários de vários filmes que abordam temas vividos no cotidiano das instituições educacionais e no dia a dia dos alunos e professores.

O livro é apresentado em duas partes: **Filmes para Professores** e *O Olhar dos Alunos*.

Filmes para Professores traz 40 filmes para serem trabalhados em salas de aula. A grande maioria inclui histórias ambientadas em escolas e/ou acompanha a vida de professores e sua relação com os alunos. Após cada texto são sugeridas formas de trabalhar e debater o filme.

O Olhar dos Alunos traz 22 filmes, que foram escolhidos por jovens que gostariam de revê-los e debatê-los com seus colegas após a projeção. Eles podem ser exibidos para ilustrar tema(s) ligado(s) às disciplinas.

Importante ressaltar que as sugestões indicadas após cada filme não esgotam o assunto. Além de existirem muitos outros filmes que podem ser trabalhados com os temas aqui sugeridos, os próprios filmes indicados podem igualmente conter muitos elementos de análise para outros assuntos.

A utilização de filmes em educação tem comprovado cada vez mais uma tese aceita por críticos, historiadores e estudiosos do cinema: "Cada espectador vê um filme", ou seja, é da história de vida e padrões de cada pessoa que surgem as percepções de uma obra em geral e, no caso específico deste livro, de uma obra cinematográfica.

2. POR QUE UTILIZAR

Na presente análise de utilização do cinema em educação e desenvolvimento, vemos as seguintes fundamentações:

1. A aprendizagem não passa apenas pelo intelecto, mas também pelas emoções, pelos valores de cada um e pelas per-

cepções. Poucos veículos mexem tanto com a emoção como o cinema.

2. O que se pode assistir através do cinema é na maioria das vezes universal, possibilitando a visão de outras culturas, de costumes diferenciados e de visões diferentes da nossa.
3. Os filmes têm um grande poder de convencimento e têm sido utilizados ao longo dos tempos para alterar comportamentos, obter comprometimentos e até como instrumento de propaganda.
4. O cinema aborda fatos do nosso cotidiano e de nossas vidas como pessoas e profissionais. Muitos filmes são baseados em histórias reais e alguns (os documentários) buscam ser o retrato fiel do personagem e/ou da história enfocada.
5. Além do aspecto de lazer e entretenimento, o cinema é também um meio de reflexão psicológica, política, sociológica, religiosa, histórica, ética e cultural.

3. COMO UTILIZAR

Para fazer um filme é necessário um argumento, roteiro, escolha dos atores, fotografia, figurinos, cenografia, edição e um criterioso trabalho de toda a equipe a fim de que a obra acabada tenha sequências harmônicas e coerentes com o tema originalmente concebido.

O cinema é a síntese das artes, daí a realização de um filme ser um trabalho que exige uma interação entre todas as pessoas envolvidas. Apenas para dar uma ideia, é interessante abordar um dos elementos importantes do filme que é o trabalho do roteirista (ou a "roteirização" da história).

Roteiro é a história contada em imagens, diálogos e descrição do contexto da estrutura dramática. Ele é o instrumento-chave para os outros profissionais que compõem a equipe basearem seu trabalho e tem que permitir a pré-visualização do filme por parte do diretor, dos atores, dos técnicos e dos possíveis financiadores. É um instrumento de trabalho e de convencimento. A produção estima o custo muito em cima do roteiro.

A partir do roteiro, será escolhida grande parte do elenco e criadas características de cada personagem, composições visuais da fotografia, trilha sonora, efeitos especiais, figurinos, trabalhos de cenografia, enfim, todo o arcabouço necessário para o desenvolvimento da trama.

Assim, ao comentar apenas um dos pontos básicos do cinema, podemos ter uma noção do trabalho complexo para a realização de um filme, o que demonstra o cuidado que precisamos ter na utilização da obra. Por isso, é sempre preferível exibi-lo na íntegra, lembrando que em determinados filmes não há possibilidade de isolar cenas sem comprometer a mensagem do todo.

A seguir, com base na experiência e nos estudos que vimos desenvolvendo sobre o tema, alinhamos alguns pontos que julgamos importante serem observados na utilização do cinema como ferramenta didática.

1. O filme deve ser cuidadosamente escolhido de acordo com o tema da disciplina ou aquele que se deseja trabalhar. É importante levar em consideração o perfil da turma, a sua faixa etária, o tempo de duração do filme e outros aspectos relacionados à situação específica do programa a ser administrado.
2. Ao escolher o filme, é importante ler o texto relativo a ele. Embora um filme possa ser analisado sob vários aspectos, normalmente ele tem um enfoque mais amplo em determinados temas. Por exemplo, o filme *Um Sonho Possível* embora tenha questões ligadas ao esporte, talento e ética, o ponto alto a ser trabalhado é a solidariedade e a superação.
3. Os professores devem assistir ao filme previamente e anotar os pontos e as cenas que destacariam para trabalhar o tema em questão.
4. Antes da exibição, é interessante uma breve explicação sobre o filme que inclua sinopse, destaques da ficha técnica e outros dados sobre a obra.
5. Após a projeção, o trabalho e o debate são fundamentais. Um dos aspectos mais ricos do programa é justamente a percepção e o aprendizado de cada um sobre o filme e os temas enfocados.
6. É importante programar bem o tempo, considerando a duração do filme e a parte destinada aos trabalhos e debate.

7. Por último, ressaltamos a importância de jamais deixar de serem exibidos – e se for possível, comentados – os créditos aos diretores, atores, produtores e componentes da equipe que realizaram o filme.

4. ASPECTOS E/OU QUESTÕES QUE PODEM OCORRER

4.1 Envolvimento do grupo

Estudos comprovam que os sentimentos não são expressos apenas pelo filme, mas resultam também da reação dos espectadores de acordo com seus valores, padrões, condicionamentos e história de vida. Por essa razão, às vezes um filme pode emocionar profundamente algumas pessoas e a outras não.

Na maior parte das vezes, o cinema possibilita um envolvimento quase imediato com o filme e seus personagens, fazendo com que as pessoas mergulhem no tema que está sendo mostrado, fiquem motivadas e prontas para a troca de ideias e experiências.

4.2 Quando e com quem utilizar

A aplicação do cinema como ferramenta didática pode ser utilizada com qualquer grupo, devendo apenas ser levados em conta os objetivos do programa e os temas que têm a ver com esse objetivo.

4.3 Melhoria do programa

Uma sessão cinematográfica pode contribuir para a melhoria dos resultados do processo educacional porque propicia uma participação mais ativa, ocasiona uma maior integração, estimula a criatividade e possibilita o surgimento de novas ideias durante o debate.

4.4 Sugestões para os debates

Nos programas que vimos desenvolvendo, a depender do filme que esteja sendo trabalhado, temos procurado sempre utilizar algum tipo de condução do debate ou uma abordagem diferente para direcioná-lo. Gostaríamos de frisar, no entanto, que tais indicações são apresentadas realmente com o caráter de sugestões, já que fatores como o objetivo, o perfil da turma, a sua faixa etária e outros aspectos relacionados à situação específica das aulas é que irão determinar o tipo de debate e o enfoque que será priorizado na abordagem do tema.

Nessa priorização, queremos ainda enfatizar a relevância de que seja sempre considerado que um dos aspectos mais ricos do programa é a percepção pessoal dos participantes sobre o filme em questão.

4.5 Filmes com várias versões

O ideal é sempre a exibição do filme na íntegra. Na opção por longas-metragens, já que esse formato tem em média entre 80 minutos e 2 horas, é importante considerar o tempo destinado ao debate e atentar para a versão do filme que será utilizado. Há filmes com várias edições ou refilmagens, o que faz com que a duração varie de acordo com a montagem realizada. Por exemplo, o filme *Cine Paradiso*, de Giuseppe Tornatore, tem versões com 123 minutos e com 158 minutos.

4.6 Temas fortes

Alguns filmes abordam temas interessantíssimos, mas muitas vezes trazem cenas fortes de sexo, nudez e violência. Sem qualquer espírito de censura ou puritanismo, mas levando em conta que muitas vezes os filmes serão passados para alunos muito jovens e ainda as diferenças individuais e culturais dos participantes, é um aspecto que deve ser considerado.

5. SESSÕES COM CRIANÇAS

Com base em algumas experiências realizadas, desejamos deixar o testemunho quanto às sessões dirigidas para o público infantil.

Além de acostumar desde cedo a refletir e conversar sobre os assuntos contidos nos filmes, é surpreendente o retorno obtido com crianças, tendo em vista a visão que elas têm sobre os filmes e os ângulos que muitas vezes passam despercebidos para o público adulto. Justamente por estar ainda quase isento de preconceitos, modelos mentais e padrões culturais, o olhar da criança vê com mais pureza os fenômenos da vida e descobre novas e interessantes percepções nas histórias tratadas nos filmes.

Apenas para dar um exemplo de uma sessão realizada com o desenho animado *Os Incríveis*, de Brad Bird, com crianças de vários níveis sociais, foram impressionantes as temáticas trazidas por elas, muitas relacionadas com assuntos ligados ao mundo contemporâneo, visões sobre a figura do herói e do vilão e outras questões sobre o bem e o mal, a rejeição, a mentira e fatores que contribuem para a quebra da unidade familiar.

Essas sessões funcionam melhor com crianças a partir de sete anos, já que, geralmente abaixo dessa faixa etária, elas não se concentram muito no filme, costumam ficar impacientes e o objetivo da sessão acaba por se perder.

Um ponto também importante a considerar é a escolha do filme que deve ser adequado às faixas etárias das crianças que participarão da sessão. É fundamental ainda a presença do professor e/ou do coordenador do programa durante toda a projeção.

6. DOCUMENTÁRIOS

O documentário foi o primeiro gênero do cinema, tendo surgido simultaneamente com a sua criação, quando houve a primeira exibição pública de imagens em movimento, na sessão ocorrida em Paris em 28 de dezembro de 1895 com o cinematógrafo – a grande invenção dos irmãos Lumière – projetando o filmete documental *A Saída dos Operários da Fábrica*.

Como o documentário é um gênero constituído de imagens de arquivos, tomadas recentes e entrevistas – que, na maior parte das vezes, podem ser assistidas isoladamente sem prejuízo da compreensão da mensagem final – torna-se mais fácil a seleção de cenas contendo os depoimentos que estejam mais intimamente relacionados com as disciplinas que estão sendo ministradas.

Na sua utilização, no entanto, é importante considerar o fato de que nenhuma produção cinematográfica está imune a condicionamentos sociais de sua época. Assim, um documentário pode ser simplesmente o testemunho direto de um acontecimento ou, como acontece frequentemente, o reflexo das tensões de um determinado momento histórico, ou ainda a expressão da linha de pensamento dos seus realizadores.

7. FILMES DE ANIMAÇÃO

Uma vez que estamos indicando vários títulos de animação é importante fazer algumas considerações sobre o gênero.

Dentro da utilização do cinema como ferramenta didática, os desenhos animados – cada vez mais enriquecidos com as técnicas de digitação computadorizada – são uma excelente opção para debater temas como aprendizagem, comportamento de grupos, cultura, ensinamentos, relação professores/alunos e dezenas de outros.

Aliado a isso, o mercado da animação é um dos mais competitivos da área cinematográfica, já que, no mundo dos desenhos animados – além da Disney que foi a pioneira –, muitos outros estúdios surgiram ao longo dos anos, trazendo novas técnicas e contribuições para o aprimoramento do gênero.

Durante muitos anos, a Disney era, de fato, o primeiro nome que vinha à mente quando se falava em animação, principalmente depois de ter adaptado para o cinema o conto de fadas *Branca de Neve e os Sete Anões* em 1937. Foi o primeiro desenho animado em longametragem e trazia uma grande diferença dos desenhos anteriores, porque apresentava personagens humanos ao invés de apenas objetos ou animais antropomórficos.

Seu reinado isolado continuou com clássicos como *Pinóquio*, *Bambi*, *Cinderela*, *A Bela e a Fera*, *Aladim*, *O Rei Leão* e muitos outros. Mas os novos tempos determinaram a necessidade de abordagens diferenciadas, incluindo aspectos que passaram a predominar no cenário atual, como a preservação ambiental, o desenvolvimento sustentável e a necessidade, cada vez maior, de uma interação mais sólida entre os seres humanos. Tudo isso levou ao surgimento de outras empresas como a Dreamworks e a Pixar, essa última fundada por Steve Jobs.

A Dreamworks foi a pioneira em direcionar seus filmes também para o público adulto com *FormiguinhaZ*, cujo personagem principal inicia a história consultando um psicólogo. Seus desenhos, além do viés de crítica social, procuram provocar a imediata empatia com os espectadores referências a outros filmes, diretores, trilhas sonoras e ainda a utilização de alta tecnologia, sobretudo de informática.

A Pixar – além de ter surgido no mercado com uma equipe inovadora, inteligente e criativa – trouxe tramas que levam à reflexão, visuais deslumbrantes e roteiros altamente inspiradores como pode ser visto em *Procurando Nemo*, *Os Incríveis* e *Ratatouille*.

De uma forma ou de outra, a chegada ao mercado de mais estúdios de animação e a concorrência daí resultante, têm contribuído para o aumento da qualidade dos desenhos, cada vez mais encantadores e inovadores e, trazendo, em ordem crescente, uma variedade enorme de opções para os espectadores e também para os que utilizam tais filmes para fins educacionais.

Neste livro estão indicados desenhos animados de estúdios diferenciados – de acordo com os elementos anteriormente expostos – e visam ajudar na escolha dos filmes, de acordo com o objetivo e o direcionamento pretendido.

8. HISTÓRIA DO CINEMA

Para melhor conhecimento do cinema e sua visualização como arte e ferramenta cultural, achamos importante incluir um breve resumo sobre a história do cinema e o seu desenvolvimento nesses cento e poucos anos.

O cinema nasceu na França – precisamente no dia 28/12/1895 – com a primeira exibição de filmes para o público. Isso aconteceu no Salão Indien do Grand Café de Paris, quando trinta e cinco pessoas pagaram um franco cada uma para assistir à primeira projeção oficial do que então era chamado cinematógrafo, numa sessão organizada pelos Irmãos Lumière.

O programa era formado por filmetes – filmes curtos – entre eles aquele que é considerado o primeiro filme do cinema, *A Saída dos Operários da Fábrica Lumière* e o famoso *A Chegada do Trem na Estação de Ciotat* que, segundo a lenda, assustou os espectadores com seu movimento em direção à sala. A imagem do trem avançando fez com que muitos se escondessem embaixo dos bancos.

Conta-se também que George Meliès quis comprar a invenção e Louis Lumière lhe disse que "ela poderia ser explorada durante algum tempo como uma curiosidade científica, mas fora disto não tinha futuro". Na verdade, estava nascendo uma das mais poderosas indústrias do século.

Usando os recursos de uma arte próxima – o teatro – o cinema aprendeu a contar uma história.

O pioneiro George Meliès passou a utilizar argumento, atores, cenários e divisão de cenas: assim, surgia a nova arte do cinema, nessa época ainda muda e com muitos filmes acompanhados ao piano.

Esse período do cinema "silencioso" revelou alguns dos maiores diretores da história desta arte, como D.W. Griffith – que com *Nascimento de Uma Nação* criou, através de cortes entre cenas paralelas em desenvolvimento, uma linguagem própria para o cinema; Sergei Eisenstein – que aprimorou com cortes rápidos e um novo ritmo de montagem essa linguagem cinematográfica; Charles Chaplin com seus inesquecíveis *Luzes da Ribalta*, *O Circo* e *O Garoto*; bem como diversos atores como Buster Keaton, Max Linder, Rodolfo Valentino, Theda Bara, Pola Negri, Tom Mix e outros, que elevaram a popularidade do cinema a níveis jamais vistos.

Na Europa surgem movimentos que renovariam a linguagem e a estética cinematográfica. Entre eles, o Expressionismo Alemão foi sem dúvida o mais importante, junto com o chamado Cinema Revolucionário Soviético.

Em 1919, Robert Wiene, ao lançar o seu filme *O Gabinete do Dr. Caligari*, iniciava também o movimento expressionista, logo seguido por obras-primas como *O Golem*, de Paul Wegener, *Nosferatu*, de F.W. Murnau e *Dr. Mabuse* e *Metropolis*, ambos de Fritz Lang. Baseado em efeitos de luz e sombras, ângulos extremos e rotações de eixo da câmera, interpretações extremadas e exageradas dos atores e o uso de *sets* de filmagem de construção incomum que possibilitavam as tomadas altamente estilizadas da estética expressionista, o novo cinema alemão refletia a angústia e o ambiente opressivo do pós-guerra na Alemanha. Tratava-se, pois, de uma manifestação artística autenticamente coletiva, no sentido psicossocial.

Em 1927, precisamente no dia 6 de outubro, o som chegou ao cinema no Warner's Theater, em Nova York, com a exibição de *O*

Cantor de Jazz, o filme no qual pela primeira vez os espectadores ouviram um diálogo entre os atores.

O filme de Alan Crosland assinalou o início de um desafio que os realizadores teriam pela frente para conviver com a nova tecnologia. Muitos cineastas resistiram à chegada do som. Charles Chaplin foi um dos maiores exemplos: oito anos após o nascimento do cinema sonoro, Chaplin ainda resistia e realizou um filme quase totalmente mudo, *Tempos Modernos*, que acabou sendo uma das obras-primas do cinema. Mas o seu genial Carlitos não resistiria ao som e Chaplin sabia disso.

No Brasil, Mário Peixoto, influenciado pela vanguarda europeia, realiza *Limite*, considerado um marco e um filme extremamente avançado para a época.

A partir dos anos 30, o cinema sonoro começa a se consolidar nos Estados Unidos: surgem os grandes estúdios e são realizados clássicos do cinema como *No Tempo das Diligências*, *E o Vento Levou*, *O Mágico de Oz*, *Beau Gest*.

Na Inglaterra, Alfred Hitchcock cria o filme de suspense, trazendo o espectador para cúmplice de suas tramas. Os anos 40, por sua vez, são marcados pelos filmes de *gangster* e um estilo que dominou a década, o cinema *noir*. Nessa década, precisamente em 41, surge *Cidadão Kane*, um filme que inova os conceitos de planos, fotografia, *flash-back* e profundidade de campo. É considerado um marco e para muitos o maior filme de todos os tempos.

Em 45, *Roma, Cidade Aberta*, de Rosselini, o primeiro filme neorrealista, vai ter uma grande influência nos filmes realizados em todo o mundo. Nos anos 50, o mundo se encanta com os grandes musicais da Metro (*Cantando na Chuva*, *Sinfonia em Paris*), os grandes épicos e com faroestes antológicos como *Rastros de Ódio*, *Shane*, *Matar ou Morrer* e *Johnny Guitar*.

Nestes mesmos anos teve início também no Brasil a grande época das chanchadas, com os hoje clássicos *Aviso aos Navegantes* e *Carnaval no Fogo*, por exemplo. No final dessa década, surge na França a Nouvelle Vague (com os filmes marcos do movimento, *Acossado*, de Jean-Luc Godard e *Os Incompreendidos*, de François Truffaut). Esse movimento, juntamente com o Neorrealismo italiano, vai ter uma grande influência no cinema em todo o mundo: no Brasil, vai ser o grande inspirador do Cinema Novo com os filmes

Rio, Quarenta Graus, de Nelson Pereira dos Santos e *Deus e o Diabo na Terra do Sol*, de Glauber Rocha.

A partir da década de 50 – mais precisamente em 53 – a crescente popularidade da televisão obriga o cinema a buscar novos recursos tecnológicos para atrair o público. Surgem o 3-D, o Cinerama e o Cinemascope.

No final desta década e no início dos anos 60, a revolução sexual, a rebeldia juvenil e a Guerra Fria provocaram muitos filmes de contestação dos valores tradicionais – como *Juventude Transviada, Dr. Fantástico, Lolita, A Primeira Noite de um Homem, Rocco e seus Irmãos, A Doce Vida, Sem Destino* – filme que cria o gênero dos *road movies* e traz os *cowboys* de motocicleta para o asfalto, numa época em que os grandes faroestes e musicais do cinema americano começam a perder o seu espaço. No final da década, em 68, Stanley Kubrick realiza o seu antológico *2001, uma Odisseia no Espaço*, até hoje a obra-prima da ficção científica.

Os anos 70 assinalam o início da decadência do domínio absoluto dos grandes estúdios e o início das grandes corporações. Marcam, também, o surgimento dos primeiros vídeos: a partir de então, os clássicos do cinema podiam ser vistos e revistos em casa.

A década de 70 assinala ainda o lançamento da famosa trilogia de Francis Ford Coppola, iniciada com *O Poderoso Chefão*. Vindo da Itália, outro grande diretor da década, Sérgio Leone, realiza duas obras-primas: *Era uma vez na América* e *Era uma vez no Oeste*, filme que reinventou o gênero faroeste.

George Lucas e Steven Spielberg revolucionam o campo dos grandes efeitos especiais: *Guerra nas Estrelas, ET, Contatos Imediatos de Terceiro Grau*, a série Indiana Jones, dão uma nova dimensão ao cinema. A computação gráfica começa a surgir então como a grande aliada desses gêneros cinematográficos.

No final da década começa a se consolidar o chamado cinema independente – realizado fora dos grandes estúdios, com baixo orçamento, criativos e com estéticas inovadoras. Em 82, *Blade Runner, o Caçador de Androides*, de Ridley Scott – que foi considerado o melhor filme desta época – estabelece outro marco para os filmes de ficção científica, com a sua atmosfera sufocante e os inesquecíveis replicantes.

A partir de 84, a TV a cabo vem fornecer um novo canal de distribuição para o cinema. Os anos 90 são marcados pelo intenso uso da tecnologia digital nos dinossauros de Jurassic Park (93) e pela estética da violência de John Woo, Quentin Tarantino e outros, radicalizando o estilo do grande diretor americano Sam Peckinpah.

Ao se aproximar o novo século, surge o DVD e muitas inovações estéticas e de linguagem são propostas para o cinema: a do inglês Peter Greenaway, a do Dogma 95, surgida na Dinamarca, a do cinema iraniano, uma forma simples e comovente de narrar filmes. Aqui no Brasil busca-se a diversidade envolvendo as várias culturas regionais brasileiras.

O cinema parte também cada vez mais para os efeitos especiais e recursos digitalizados de última geração. E vai para a Internet. A palavra de ordem passa a ser o audiovisual – e não mais somente cinema – tendo em vista que o conceito de multimídia envolve todas as possibilidades: cinema, televisão, vídeo, DVD, BluRay, Internet, celular e muitas outras inovações que o desenvolvimento constante da tecnologia anunciava para breve.

Capítulo 2
Filmes para Professores

Ao Mestre, com Carinho

O filme narra a história de um engenheiro, personagem de Sidney Poitier que, por ser negro, não encontra emprego no seu campo e aceita o lugar de professor num ginásio de uma favela em Londres.

Os estudantes são pobres e reagem duramente à figura da autoridade, sobretudo por estar encarnada numa pessoa de cor. Mas ao invés de desistir, como fizeram outros professores, ele utiliza métodos não-ortodoxos, aumenta a autoestima dos alunos, o respeito de uns pelos outros e gradualmente ganha a confiança da turma.

Ao Mestre, com Carinho, diferentemente de outros do gênero, é um filme muito sentimental e seu sucesso surpreendeu até os executivos da Columbia, que na época distribuíram questionários para tentar descobrir por que as pessoas gostaram tanto do filme.

◤ Temas

Aprendizagem, comportamento de grupos, conflito, cultura, desafio, ética, humanismo, padrões, paradigmas, preconceito, resistência, valores.

◤ Sugestões para o debate

1. Uma primeira sugestão seria deixar o debate livre, de forma a captar as percepções dos alunos sobre os temas abordados no filme.

2. Outra ideia seria dividir os alunos em grupos e propor um trabalho em torno das seguintes questões:

- o que eles pensam sobre a relação professores/alunos;
- o papel do professor e a função social da escola, principalmente no mundo atual;
- a importância da educação através dos exemplos que transmitimos no dia a dia;
- a responsabilidade da escola no desenvolvimento das pessoas e das comunidades onde atuam;
- a importância do conhecimento compartilhado, que enriquece o grupo e torna a escola uma organização de aprendizagem constante.

3. Outro debate interessante seria uma comparação entre a era do conhecimento e a era da informação, considerando que o conhecimento é mais importante do que a informação porque incorpora a utilização e a disseminação do que foi aprendido no período escolar.

Ficha técnica

Título original:	To Sir With Love
Título da tradução brasileira:	Ao Mestre, com Carinho
Ano:	1967
País:	Inglaterra
Direção:	James Clavell
Roteiro:	James Clavell e E. R. Braithwaite (livro)
Fotografia:	Paul Beeson
Música:	Ron Grainer
Edição:	Peter Thornton
Atores principais:	Sidney Poitier, Christian Roberts, Judy Geeson, Suzy Kendall
Produção:	Columbia Pictures
Gênero:	Drama
Duração do filme:	105 minutos

Cinema Paradiso

Cinema Paradiso é um dos filmes que até hoje mais despertaram a emoção, a magia e o encantamento do cinema nas pessoas, além de enaltecer o valor da educação e da amizade.

O filme é a história de Salvatore di Vitto, apelidado de Totó, que desde criança vive na pequena cidade siciliana de Giancaldo, numa Itália ainda abalada pela guerra mundial recém-terminada. Ele mesmo havia sofrido um revés: seu pai foi enviado para os campos de batalha na Rússia e não voltou.

Órfão de pai, vivendo com a mãe e a irmã menor, Totó adquiriu uma grande paixão pela sétima arte e, sempre que podia, frequentava o antigo Cine Paradiso. Nas idas e vindas ao cinema, tornou-se amigo do projecionista Alfredo, conseguindo realizar o desejo de assistir aos filmes da cabine de projeção.

Alfredo, por sua vez, se torna uma espécie de educador e um segundo pai para o menino. Procura orientá-lo e ensina os procedimentos do trabalho que exerce. Situações surgidas ao longo de suas vidas os tornam ainda mais próximos, como quando Totó ajuda Alfredo a obter o diploma de escola primária ou quando o salva do incêndio do Cine Paradiso. No entanto, o fogo deixou Alfredo cego e Totó se torna o novo projecionista.

O tempo passa, a vida do garoto vai mudando aos poucos e os dois amigos se afastam. Totó vai para Roma e torna-se um cineasta de sucesso. Quando volta, já está amadurecido pela idade e pela experiência da vida.

É a cena que dá início ao filme, quando ele, após receber o telefonema de sua mãe avisando-o da morte de Alfredo, relembra sua história de infância.

O personagem Totó é vivido brilhantemente por três atores diferentes – Salvatore Cascio quando criança, Marco Leonardi quando adolescente, e, na fase adulta, por Jacques Perrin. Alfredo é interpretado pelo ótimo ator francês Philippe Noiret.

Fortemente influenciada pelas concepções estéticas do neorrealismo, esta obra ganhou o Oscar de melhor filme estrangeiro em 89.

É um filme simples na aparência e uma aula de humanismo, embalada pela maravilhosa trilha sonora de Ennio Morricone, além de nos dar, de forma única e tocante, a possibilidade de vivenciar as muitas e variadas emoções que podem ser proporcionadas pelo cinema.

◣ Temas

Amizade, aprendizagem, comunicação, criatividade, cultura, educação, ética, história, memória, paixão pelo que faz, sonhos.

◣ Sugestões para o debate

O filme permite inúmeras leituras. Sugerimos pedir para cinco alunos conduzirem um debate com seu grupo, em torno de algumas das seguintes questões:

1. A transmissão do conhecimento de Alfredo para Totó. Na vida, isso nem sempre acontece. Ao contrário do professor que procura cumprir a missão de sempre partilhar conhecimentos, algumas pessoas têm receio de passar adiante o que sabem e não percebem a importância de deixar um legado.

2. Persistência. Totó não desiste de tentar conquistar a amizade de Alfredo.

3. Alfredo mostrou um novo caminho, orientando Totó a deixar a cidade e ir para Roma, onde teria mais condições de crescimento.

4. Amor pelo que faz. Alfredo sugere a Totó experimentar coisas novas que ele não viveu.

5. Formas de ver. Quando Alfredo perde a visão, passa a "ver" coisas que não via antes.
6. Organização social. Quase todas as relações e interações na cidade giravam em torno do cinema.

◤ Ficha técnica

Título original:	Nuovo Cinema Paradiso
Título da tradução brasileira:	Cinema Paradiso
Ano:	1989
Países:	Itália/França
Direção:	Giuseppe Tornatore
Roteiro:	Giuseppe Tornatore e Vanna Paoli
Fotografia:	Blasco Giurato
Edição:	Mario Morra
Música:	Ennio Morricone
Atores principais:	Philippe Noiret, Salvatore Cascio, Marco Leonardi, Jacques Perrin
Produção:	Cristal d'film
Gênero:	Drama
Duração do filme:	123 minutos

O Clube do Imperador

Baseado no texto The Palace Thief, de Ethan Canin, *O Clube do Imperador* conta a história de William Hundert, professor de História da Antiguidade Clássica. Apaixonado pelo trabalho e sempre buscando novas formas de motivar os alunos, todos os anos realiza uma competição cultural no colégio, o "Clube do Imperador".

Um dia, sua vida pacata é totalmente mudada quando um novo estudante, Sedgewick Bell, chega à escola.

Filho de um respeitado senador, o arrogante aluno inicia uma guerra particular com William, inclusive criticando seus métodos de ensino. O fato gerará situações conflituosas entre os dois e terá reflexos na vida de ambos, professor e aluno, durante muitos anos à frente.

◣ Temas

Aprendizagem, comportamento de grupos, confiança, ética, negociação, papel do professor, poder, respeito, tradição, valores.

◣ Sugestões para o debate

Dividir os alunos em grupos e propor um trabalho abordando os aspectos que eles considerarem mais importantes no filme. Ao final, cada grupo apresentará o trabalho para os demais.

Incentive o relato de experiência de algum aluno que já tenha participado de concursos culturais em sua escola.

◤ Ficha técnica

Título original:	The Emperor's Club
Título da tradução brasileira:	O Clube do Imperador
Ano:	2002
País:	EUA
Direção:	Michael Hoffman
Roteiro:	Neil Tolkin
Fotografia:	Lajos Koltai
Edição:	Harvey Rosenstock
Música:	James Newton Howard
Atores principais:	Kevin Kline, Emile Hirsch, Embeth Davidtz, Edward Herrmann, Harris Yulin, Roger Rees
Produção:	20th Century Fox
Gênero:	Drama
Duração do filme:	109 minutos

Clube dos Cinco

Um grupo singular de cinco alunos deve passar o sábado na biblioteca da escola. Trata-se de uma medida disciplinar: cada um terá de escrever uma redação sobre o que pensa de si mesmo no mínimo com mil palavras.

A punição os coloca na difícil situação de lidar com suas diferenças, mas aos poucos eles começam a perceber que também têm muito em comum. É um filme de adolescentes que difere dos demais porque constrói e destrói os estereótipos que todos nós estamos acostumados a ver. É também uma profunda reflexão sobre o ser humano e seu relacionamento com as pessoas e o mundo que o cercam.

◥ Temas

Adolescência, comportamento, diferenças individuais, disciplina, grupos, sistemas educacionais, solidariedade.

◥ Sugestões para o debate

Clube dos Cinco é um filme sobre educação do ponto de vista do educando, o que torna extremamente importantes a reflexão e o pensamento dos alunos sobre o tema.

Sugerimos dividi-los em grupos e propor que cada um eleja um coordenador para fazer um trabalho e uma apresentação sobre o resultado do debate entre eles.

Ficha técnica

Título original:	The Breakfast Club
Título da tradução brasileira:	Clube dos Cinco
Ano:	1985
País:	EUA
Direção:	John Hughes
Roteiro:	John Hughes
Fotografia:	Thomas Del Ruth
Edição:	Dede Allen
Música:	Keith Forsey
Atores principais:	Emilio Estevez, Paul Gleason, Anthony Michael Hall, John Kapelos, Judd Nelson, Molly Ringwald, Ally Sheedy
Produção:	Universal Pictures
Gênero:	Comédia dramática
Duração do filme:	93 minutos

Coach Carter – Treino para a Vida

Coach Carter – Treino para a Vida traz muito mais em seu conteúdo do que uma história de vencedores no esporte.

O filme, baseado na história real do técnico e Professor Ken Carter (nenhum parentesco com o diretor do filme), procura mostrar que não é somente a disciplina e a dedicação integral nos treinamentos que levam ao surgimento de campeões. Tão importante quanto ganhar jogos é a vitória que vem do estudo, da presença e da participação em sala de aula.

A história do filme se passa na Richmond High School, que tem um dos piores times de basquete da liga estudantil estadual. Raramente obtém alguma vitória e nunca conseguiu chegar às fases finais dos torneios locais. Os resultados escolares dos jogadores também são lastimáveis. Poucos são os estudantes dessa escola que chegam à universidade e muitos desistem ainda no ensino médio.

A contratação de um novo técnico vai mexer com a conceituação de escola que a comunidade tinha. Para ele, vitória no esporte deve também ser vitória na vida futura. De nada adiantam os troféus se depois os alunos não conseguirem o seu diploma, a sua formação universitária, trabalho, estabilidade e respeitabilidade.

Assim, ele introduz uma série de mudanças de comportamento exigindo respeito a ele, aos colegas e a eles próprios.

O compromisso de Carter não era somente ganhar o campeonato, mas era, sobretudo, com o futuro dos alunos. E que os sonhos desse futuro não fossem apenas os do basquete, mas sim uma série ilimitada de opções e possibilidades. Ele via os alunos por inteiro, como seres humanos.

O filme é uma referência obrigatória para todos aqueles que trabalham e vivenciam a educação e o desenvolvimento integral das pessoas.

◣ Temas

Disciplina, discriminação, educação, equipe, limites, reconhecimento, superação.

◣ Sugestões para o debate

O filme é muito rico e permite várias leituras. Após sua exibição na íntegra, sugerimos dividir os alunos em grupos e solicitar a realização de um trabalho em torno de algumas das seguintes questões:

1. A obstinação de Carter em criar "homens", ao invés de estrelas momentâneas. Ele incentivava os alunos a esperar mais deles próprios e a olharem para a frente, para o que viria no futuro.
2. O esporte é complementar à formação do indivíduo e, através dele, aprendemos a trabalhar melhor em conjunto, a conhecer nossas forças e limites e a treinar para adquirir disciplina e responsabilidade. Estimular uma comparação com o dia a dia de nossas vidas.
3. As declarações dadas em entrevistas pelo verdadeiro Ken Carter – e relacionadas a seguir – sobre vários tópicos do tema que deu origem ao filme:
   - Sobre o seu trabalho na escola:

   "Naquela escola 50% dos alunos nunca se graduaram. Era preciso mudar aquele quadro."

   - Sobre o contrato que obrigou os alunos a assinarem:

   "O contrato significava algo sólido, palpável, para que eu pudesse me reportar a ele, quando necessário."

   - Sobre o preparo físico dos jogadores:

   "Eles estavam bem fisicamente. No filme são propostos 1.500 exercícios, mas na vida real eu prescrevia 3.000. Mas o que eu mais queria era torná-los bem também mentalmente."

- Sobre a reação da comunidade:

"*Eu avisei que não permitiria a realização dos jogos enquanto eles não atingissem as notas devidas. Para minha surpresa e consternação, não somente os estudantes se rebelaram, mas também os pais e a comunidade.*"

- Sobre o apoio dos alunos quando quiseram demiti-lo da escola:

"*Foi uma das grandes emoções da minha vida e também o reconhecimento de que eu estava no caminho certo.*"

- Sobre a fundação que criou:

"*A Fundação Ken Carter patrocina jogos de basquete e coloca os instrutores à disposição dos atletas. Mas enfatiza também que, ao lado dos esportes, há outros caminhos para o sucesso.*"

Ficha técnica

Título original:	Coach Carter
Título da tradução brasileira:	Coach Carter – Treino para a Vida
Ano:	2005
País:	EUA
Direção:	Thomas Carter
Roteiro:	Mark Schwahn e John Gatins
Fotografia:	Sharone Meir
Edição:	Peter Berger
Música:	Trevor Rabin
Atores principais:	Samuel L. Jackson, Rob Brown, Robert Richard, Rick Gonzalez
Produção:	Thomas Carter
Gênero:	Drama
Duração do filme:	136 minutos

Com Mérito

Monty é um estudante de Harvard prestes a se formar. Quando seu computador quebra, ele fica apenas com uma cópia impressa de seu trabalho de graduação e corre para tirar uma cópia, mas tropeça e o calhamaço cai no porão de um prédio.

Ali se abriga o mendigo Simon, que pega o trabalho e começa a fazer chantagem com Monty: para cada página escrita, ele quer um dia de casa e comida.

E assim Monty e seus companheiros de república são forçados a conviver com Simon, um relacionamento que aos poucos se transforma em amizade.

O mendigo está doente, teme morrer logo e começa a rever os erros de sua vida. E pode não ser culto, mas é capaz de ensinar muitas coisas sobre a vida para os alunos da conceituada universidade.

◣ Temas

Aprendizagem, cidadania, conflito, educação, escola da vida, ética, negociação, valores.

◣ Sugestões para o debate

Dividir os alunos em grupos e solicitar um trabalho em torno dos seguintes pontos:

1. Numa cena, o mendigo diz uma coisa que todos deveriam saber: "Eles não sabem tudo", o que denota a necessidade do aprendizado contínuo.
2. Os ensinamentos de Simon para os estudantes de Harvard mostram que a aprendizagem pode vir de todos os lugares e pessoas.

▼ Ficha técnica

Título original:	With Honors
Título da tradução brasileira:	Com Mérito
Ano:	1994
País:	EUA
Direção:	Alex Keshishian
Roteiro:	William Mastrosimone
Fotografia:	Sven Nykvist
Edição:	Michael R. Miller
Música:	Patrick Leonard
Atores principais:	Joe Pesci, Brendan Fraser, Moira Kelly, Patrick Dempsey
Produção:	Warner Bros. Pictures
Gênero:	Comédia dramática
Duração do filme:	103 minutos

Conrack

Um homem branco chega a uma ilha quase inteiramente habitada por negros, com o objetivo de dar aulas na escola local. Lá ele enfrenta resistências para poder dar uma educação melhor aos seus alunos.

Baseado no livro de Pat Conroy, é um filme que busca a reflexão e cuja exibição deveria ser comum em sala de aula para todos os níveis, do primário à graduação.

◀ Temas

Autoestima, conflito, mudança, preconceito, resistência.

◀ Sugestões para o debate

Sugerimos que o debate seja livre. Embora possa ser estabelecida uma ligação forte com o mundo docente e o discente, é um filme que trata também de muitos aspectos relacionados com a vida, o que torna altamente interessante captar, de forma espontânea, a percepção dos alunos sobre os temas tratados.

Uma outra sugestão seria pedir para os alunos indicarem cenas que mais os impressionaram e por quê.

◥ Ficha técnica

Título original:	Conrack
Título da tradução brasileira:	Conrack
Ano:	1974
País:	EUA
Direção:	Martin Ritt
Roteiro:	Irving Ravetch e Harriet Frank Jr, baseado no livro de Pat Conroy
Fotografia:	John A. Alonzo
Edição:	Frank Bracht
Música:	John Williams
Atores principais:	Jon Voight, Paul Winfield, Madge Sinclair, Tina Andrews
Produção:	20th Century Fox
Gênero:	Drama
Duração do filme:	107 minutos

O Contador de Histórias

O filme é a história real de Roberto Carlos Ramos, que nasceu em 1970, em Belo Horizonte, e era o caçula de uma família pobre com muitos filhos.

Um dia, sua mãe, que vivia com eles numa casa modesta e passava muitas dificuldades, tomou conhecimento de que o governo acolheria um membro de cada família na Febem, onde haveria a possibilidade de que ali ele estudasse e tivesse um futuro melhor. Roberto, na época com seis anos de idade, é o filho escolhido para ser internado na instituição. Diferentemente, no entanto, do que ela imaginava e sonhava para o seu caçula, aos 13 anos ele já é considerado um caso perdido na Fundação.

Depois de inúmeras fugas, numa das vezes em que é recapturado, ele conhece Margherit Duvas, uma pedagoga francesa que está fazendo uma pesquisa com crianças brasileiras.

Apesar da insistência da diretora da Febem para que ela desista de Roberto Carlos e estude o caso de outras crianças, Margherit tenta dar uma chance ao menino e, com afeto e paciência, vai conquistando sua confiança. O garoto que só conhecia maus-tratos, violência e indiferença, tem em Margherit a única manifestação de amor e carinho nos últimos anos.

Contradizendo todas as expectativas, ela consegue com que ele se recupere e alcance uma nova perspectiva de vida: Roberto Carlos se forma em pedagogia, faz pós-graduação em literatura infantil e se torna um grande contador de histórias, hoje conhecido internacionalmente.

O pedagogo mantém em Minas Gerais uma casa para 13 meninos carentes, que estavam na mesma situação que ele viveu um dia.

O filme recebeu a certificação da Unesco por chamar a atenção da sociedade para a importância da educação e da cultura na luta contra a pobreza e a exclusão social no país.

◤ Temas

Confiança, conflito, desafio, diversidade, educação, futuro, mudança, preconceito.

◤ Sugestões para o debate

1. Dividir os alunos em grupos e pedir para eles realizarem um trabalho – que será apresentado depois para todos – em torno das seguintes questões:

   - Roberto Carlos era rebelde e estava muito revoltado. Como você acha que Margherit conseguiu conquistá-lo?
   - Para que Roberto Carlos se sentisse encorajado a contar sua história Margherit começou a contar a história dela. O que você acha que aconteceu?
   - O que você acha que ocorreu na cena do estádio, quando Roberto Carlos fica com medo de ser revistado pelo policial?
   - O filme mostra que a educação pode ajudar na transformação. Você conhece alguma história parecida com essa?

2. Pedir para três alunos voluntários comentarem o processo educativo que Margherit inicia com Roberto Carlos, mostrado em várias sequências do filme, tais como: ela começa a ler livros para ele (*Vinte Mil Léguas Submarinas*); impõe regras quando ele começa a cheirar cola; sai com ele para fazer compras; o obriga a devolver uma lata que ele havia roubado no mercado; passa ensinamentos no parque quando os dois compram uma caneta de um vendedor; o leva numa viagem para conhecer o mar.

Ficha técnica

Título original:	O Contador de Histórias
Ano:	2009
País:	Brasil
Direção:	Luiz Villaça
Roteiro:	Maurício Arruda, José Roberto Torero, Mariana Veríssimo, Luiz Villaça
Fotografia:	Lauro Escorel
Edição:	Umberto Martins
Música:	André Abujamra e Marcio Nigro
Atores principais:	Marco Antonio, Paulinho Mendes, Cleiton Santos, Maria de Medeiros, Malu Galli, Ju Colombo, Chico Díaz
Produção:	Ramalho Filmes
Gênero:	Drama
Duração do filme:	96 minutos

Duelo de Titãs

Nos anos 70, numa cidade da Vírginia, a Justiça determinou que as escolas deveriam promover a integração entre brancos e negros. Cumprindo a norma, a escola T. C. Williams substituiu o treinador de futebol americano Bill Yoast, branco, por Herman Boone, negro.

Além de não ser bem recebido, o novo treinador tem que lidar com jovens que estão juntos pela primeira vez e que, por preconceito racial, não se dão bem.

Mais do que o esporte, o racismo será o maior desafio que Boone enfrenta para levar o time adiante.

◤ Temas

Confiança, conflito, diversidade, equipe, negociação, preconceito, superação.

◤ Sugestões para o debate

1. Dividir os alunos em grupos e pedir para cada um destacar um ponto que mais chamou sua atenção e trabalhar nele.

    A seguir, o coordenador eleito por cada grupo apresentará e debaterá o resultado com os demais.

2. Com o filme em mente, pedir para o grupo indicar situações de preconceito e discriminação, as quais vivenciaram ou que tiveram conhecimento.

Ficha técnica

Título original:	Remember the Titans
Título da tradução brasileira:	Duelo de Titãs
Ano:	2000
País:	EUA
Direção:	Boaz Yakin
Roteiro:	Gregory Allen Howard
Fotografia:	Philippe Rousselot
Edição:	Michael Tronick
Música:	Trevor Rabin
Atores principais:	Denzel Washington, Ryan Hurst, Gerry Bertier, Will Patton
Produção:	Walt Disney Productions
Gênero:	Drama
Duração do filme:	113 minutos

Educação de Pequena Árvore

Durante a grande depressão americana, um menino de oito anos, da tribo indígena Cherokee, depois de perder os pais, vai morar com seus avós paternos numa floresta do Tennessee. Lá, além de aprender sobre a cultura dos seus antepassados, descobre a importância da natureza e a sabedoria da vida.

O filme proporciona uma reflexão sobre a educação escolar institucional e a educação indígena.

Possibilita também o debate sobre preconceito entre grupos sociais e a falsa superioridade dos que se dizem civilizados.

É um filme importante para todos que se envolvem com a educação e o desenvolvimento principalmente em escolas onde convivem muitas percepções diferenciadas e deve ser um lugar de convivência.

Além de abrir o debate sobre preconceito e diferenças culturais, evidencia como o ambiente educacional deve ser um espaço de intercâmbio e troca de experiências.

◢ Temas

Aprendizagem, cultura, diversidade, educação, meio ambiente, preconceito.

◥ Sugestões para o debate

Pedir a três alunos voluntários para conduzir um debate com o grupo em torno dos seguintes aspectos:

1. Uma reflexão sobre o aprendizado, a transmissão dos conhecimentos, o poder da trajetória e a importância de cada um conhecer sua história.
2. A cena em que o índio pergunta aos avós se contaram a história do menino para ele. E acrescenta: "Se não contaram seu passado, ele não pode ter um futuro."
3. Uma reflexão sobre a brincadeira, já que brincando se constroem mais facilmente os conceitos e aprendizados.

◥ Ficha técnica

Título original:	The Education of Little Tree
Título da tradução brasileira:	Educação de Pequena Árvore
Ano:	1997
País:	EUA
Direção:	Richard Friedenberg
Roteiro:	Earl Hammer Jr., Don Sipes e Forrest Carter (livro)
Fotografia:	Anastas N. Michos
Edição:	Jere Huggins e Wayne Wahrman
Música:	Mark Isham
Atores principais:	James Cromwell, Tantoo Cardinal, Joseph Ashton
Produção:	Allied Films
Gênero:	Drama
Duração do filme:	115 minutos

Entre os Muros

Entre os Muros segue a linha do diretor Laurent Cantet, que escolheu a realidade da vida como tema principal do seu trabalho, procurando sempre abordar ou se inspirar em histórias que aconteceram ou podem vir a acontecer.

Entre os Muros, baseado no livro homônimo de François Bégaudeau, tendo como pano de fundo uma turma de alunos numa escola secundária da França, provoca importantes reflexões sobre o valor da democracia, o respeito e os requisitos éticos do processo educativo.

Num tom que oscila entre a ficção e a realidade, o filme fala dos problemas e conflitos dos alunos da instituição, situada em um bairro de Paris onde a população é predominantemente composta de imigrantes.

Procurando ser coerente com os princípios propostos no título do seu trabalho, Cantet segue o perímetro marcado pelos muros do Instituto, lugar em que o Professor François (Bégaudeau), entregue ao seu trabalho de pedagogo e tutor, tenta conviver com alunos marcados pelos estigmas de sua condição social.

O filme vai fundo nos problemas da indisciplina, da violência latente, dos conflitos raciais, da insegurança e da baixa autoestima dos adolescentes, agravada pelas constantes provocações e falta de respeito que sofrem, muitas vezes dos próprios professores.

Cantet, um homem tranquilo e aparentemente distante dos temas fortes que aborda, declarou em entrevistas que há bastante tempo queria fazer um filme sobre o sistema educacional.

Classificando-se também como um trabalhador que exerce seu ofício através do cinema, Cantet procura sempre trabalhar com amadores, que no filme têm um ótimo desempenho, principalmente os alunos que compõem aquela turma transitando entre o tênue limite da normalidade e de uma explosão iminente.

Entre os Muros se constrói na pele dos atores, na sua sensibilidade. Os adolescentes foram escolhidos por meio de testes e fizeram um trabalho de laboratório. Era importante trabalhar com não-atores para que eles passassem sua vivência para os personagens. Por isso também tomou a decisão do papel principal ser interpretado por François.

Temas

Aprendizagem, autoestima, conflito, cultura, disciplina, educação.

Sugestões para o debate

Sugerimos dividir os alunos em grupos e propor um trabalho – que ao final será debatido com todos – sobre os pontos abaixo:

1. O livro de Bégaudeau relata sua experiência como professor numa escola pública. É a voz de alguém de dentro do sistema e foi o ponto de partida para a abordagem realista do filme.
2. Tudo no filme é rigorosamente verdadeiro, sendo praticamente uma ficção documentada.
3. O filme não faz julgamento de valor sobre as pessoas retratadas nos personagens.
4. O filme procura mostrar o que os estudantes de hoje pensam de si mesmos e do modelo educacional que lhes é oferecido.
5. Em última análise, tenta passar uma mensagem positiva, mostrando que de todo aquele caos alguma coisa de bom pode nascer.

Ficha técnica

Título original:	Entre les Murs
Título da tradução brasileira:	Entre os Muros
Ano:	2008
País:	França
Direção:	Laurent Cantet
Roteiro:	Laurent Cantet
Fotografia:	Pierre Milon
Edição:	Robin Campillo e Stephanie Leger
Atores principais:	François Bégaudeau, Agame Malembo-Emene, Angélica Sancio, Arthur Fogel, Boubacar Toure
Produção:	Haut et Court e Canal +
Gênero:	Drama
Duração do filme:	128 minutos

Escola da Vida

Escola da Vida mostra que pode existir uma forma de ensinar mais rica, produtiva e fundamentada.

A história se passa num estabelecimento de ensino americano, onde Mr. D é um professor que se preocupa com seus alunos de forma dinâmica e humana, entende as especificidades de cada um, procurando mostrar que todos são especiais e dando atenção a cada um individualmente.

As aulas são voltadas ao construtivismo. Mr. D introduz variedade em suas aulas, desde a apresentação de peças de teatro a conversas sobre os temas que levam a uma compreensão da história passada e da atual.

Ele não se fixa apenas no ensino da história, utiliza o modo interdisciplinar para integrar as outras disciplinas.

Os alunos adoram Mr. D., os demais professores o admiram, exceto Matt Warner, que ministra biologia, almeja ser o Professor do Ano e se sente ameaçado por ele. No entanto, até seu filho idolatra o jovem professor. Mas há um segredo que pode mudar tudo e ensinar uma lição da qual jamais esquecerão.

É um filme interessante, que evidencia a busca por formas diferentes de ensinar para que haja uma maior vontade dos alunos em aprender, gerando, consequentemente, a melhoria do desempenho e também a dedicação dos professores.

O filme nos leva a refletir como podemos buscar meios para tornar o ensino mais produtivo e embasado. O aluno não deve ser somente um reprodutor do conhecimento, mas ele deve ser um construtor de saberes.

O diretor faz uma ponta como um astronauta.

Temas

Aprendizagem, comunicação, conflito, criatividade, educação, futurismo, humanismo.

Sugestões para o debate

1. Dividir os alunos em grupos e propor um trabalho sobre os seguintes aspectos:

    Comparação entre alguns métodos que utilizam o formato tradicional e outros que buscam uma forma mais dinâmica de ensinar, partindo dos fatos com os quais os alunos já estão em contato e dando a eles oportunidade de participação.

    Análise sobre o pensamento do Professor de biologia Matt Warner de que somente os docentes são detentores do conhecimento e o aluno não possui condições de colaborar com o processo de cognição.

    O comportamento de Mr. D, que não se colocava apenas como um detentor do saber; ao contrário, via o aluno como um ser capaz de compreender e apreender o que realmente faz sentido.

    O que o educando aprende não deve ter impacto somente no instante em que está estudando e abordando determinado assunto, mas deve ser parte fundamental da construção do seu caráter e de seu futuro.

    A sequência (1:15:00), que destaca o que é realmente vencer.

2. Pedir para os participantes narrarem experiências que vivenciaram ou das quais têm conhecimento sobre os métodos, comportamentos e metodologias utilizados por diversos professores.

Ficha técnica

Título original:	School of Life
Título da tradução brasileira:	Escola da Vida
Ano:	2005

País: EUA
Direção: William Dear
Roteiro: Jonathan Kahn
Fotografia: Brian Pearson
Edição: Edgar Burcksen
Música: Ari Wise
Atores principais: David Paymer, Ryan Reynolds, John Astin, Andrew Robb, Kate Vernon
Produção: Gynormous Pictures
Gênero: Drama
Duração do filme: 111 minutos

Escritores da Liberdade

O filme é a história real da Professora Erin Gruwell que vai lecionar numa turma de alunos problemáticos e resistentes ao ensino convencional. Num contexto social adverso e conturbado, ela resolve adotar novos métodos de ensino, levando seus alunos a aprenderem algo mais sobre a tolerância, a valorizarem a si mesmos e a investir em seus sonhos.

A história evidencia o papel do educador na formação dos seres humanos e do compromisso de desenvolvimento que eles precisam ter com seus alunos. O exemplo da professora é uma metáfora do compromisso que todos nós devemos ter na responsabilidade de ajudar a mudar a condição humana do outro.

Dirigido a todos que trabalham direta ou indiretamente com educação, o filme proporciona uma profunda reflexão sobre a prática educativa e enfatiza o papel do professor como instrumento de transformações individuais e coletivas.

◥ Temas

Adolescência, educação, equipe, inovação, limites, mudança, paradigmas, reconhecimento, superação.

◥ Sugestões para o debate

Pedir para três alunos voluntários conduzirem uma reflexão e um debate com todo o grupo sobre os pontos a seguir:

1. Erin Gruwell ensina aos seus alunos os valores da tolerância e da disciplina, realizando uma reforma educacional em toda a comunidade.
2. Os métodos adotados por Gruwell mostram que educar é ser criativo, é arriscar e inovar evidenciando que a força do exemplo está implícita na verdadeira coragem de ensinar.
3. O paralelo que pode ser feito entre o estilo humanista da professora e o que é esperado dos professores no mundo de hoje.

Ficha técnica

Título original:	Freedom Writers
Título da tradução brasileira:	Escritores da Liberdade
Ano:	2007
País:	EUA
Direção:	Richard LaGravenese
Roteiro:	Richard LaGravenese
Fotografia:	Jim Denault
Edição:	David Moritz
Música:	Mark Isham
Atores principais:	Hilary Swank, Patrick Dempsey, Scott Glenn, Imelda Staunton
Produção:	Paramount Pictures
Gênero:	Drama
Duração do filme:	122 minutos

Filhos do Paraíso

De forma simples e abordando temas universais sempre relacionados ao ser humano e com momentos de muita ternura e inocência, o cinema iraniano consegue uma identificação imediata com o espectador.

Essa simplicidade é um ponto-chave em *Filhos do Paraíso*, que segue um casal de irmãos que só possuem um par de tênis para ir à escola. O diretor parte desse fato para falar sobre a importância da solidariedade e sobre a sociedade iraniana como um todo.

A história segue Ali (Amir Farrokh Hashemian) que, no caminho para a escola, perde o sapato de sua irmã, Zahra (Bahare Seddiqi). Filhos de uma família extremamente carente, a solução que eles encontram é dividir um par de tênis velhos para ir à escola. Zahra usa o tênis de manhã e à tarde entrega-o para o irmão.

O filme coloca em primeiro plano as pessoas comuns, suas vidas, suas alegrias e tristezas, enfim, a realidade levada às telas.

Um ponto também importante é a apresentação da sociedade iraniana contemporânea quando pai e filho visitam a parte rica da cidade oferecendo serviços de jardinagem.

As primeiras cenas mostram um Irã quase pré-industrial, religioso e conservador. Quando passam pelo centro de Teerã outra realidade se impõe: carros modernos, edifícios luxuosos e telefones celulares evidenciam o contraste naquela sociedade, mostrado pelo diretor com extrema sutileza.

Filhos do Paraíso é um filme para pessoas sensíveis, onde a fantasia é utilizada para mostrar o amor entre as pessoas, o processo educativo, as soluções criativas, a ternura e também a necessidade de uma luta constante para um mundo sem desigualdades sociais.

Esta obra concorreu ao Oscar de melhor filme estrangeiro no ano do seu lançamento.

◤ Temas:

Criatividade, cultura, educação, padrões, solidariedade.

◤ Sugestões para o debate

1. Dividir os alunos em grupos e propor um trabalho em torno das seguintes questões:

    - Análise sobre a solução encontrada pelos dois irmãos (Ali e Zahra) de dividir um par de tênis velhos para ir à escola.
    - Opinião quanto à luta do garoto para tentar conquistar o terceiro lugar numa maratona, onde o prêmio era um par de sapatos.

2. Numa transposição para nossa vida pessoal, estimular o relato de experiências semelhantes em que a solidariedade e o desprendimento foram fundamentais para a solução de problemas e conflitos.

3. Com o filme em mente, estimular o grupo a uma reflexão sobre as etapas que envolvem uma decisão – definição do problema, seleção das alternativas e escolha – e as variáveis que interferem no processo como a emoção, o raciocínio lateral e a intuição.

◤ Ficha técnica

Título original:	Bacheha – Ye Aseman
Título da tradução brasileira:	Filhos do Paraíso
Ano:	1999
País:	Irã
Diretor:	Majid Majidi

Roteiro:	Majid Majidi
Fotografia:	Parviz Malekzaade
Edição:	Hassan Hassandoost
Música:	Keivan Jahanshahi
Atores principais:	Amir Farrokh Hashemian, Bahare Seddiqi
Produção:	The Institute for the Intellectual Development of Children & Young Adults
Gênero:	Drama
Duração do filme:	89 minutos

Lendas da Vida

Baseado no livro de Steven Pressfield e dirigido por Robert Redford, o filme é a história sensível de um golfista que, no auge de sua carreira, vê a mesma interrompida pela convocação para a Primeira Guerra Mundial.

Ainda muito jovem, aos 16 anos, Rannulph Junuh (Matt Damon), morador de Savannah, Georgia, foi consagrado como um dos golfistas mais promissores de sua época. Sua vida, no entanto, teve uma reviravolta ao voltar para sua cidade, depois de ter lutado na guerra. Ele se transforma num alcoólatra, abandona sua namorada Adele e, para tristeza de todos, se recusa a continuar a carreira de jogador de golfe, que o tinha consagrado.

Na verdade, Junuh está longe de ser a mesma pessoa. Traz consigo memórias sombrias de uma guerra que minou sua autoconfiança, matou amigos seus, o tornando uma figura amarga e completamente diferente do jovem vitorioso e seguro que fora antes de ir para os campos de batalha.

O momento também é desalentador. Os Estados Unidos haviam sido arrasados pela quebra da bolsa de Nova York e o mundo vivia o clima da crise de 1929.

Adele, por seu lado, também tem seus dramas. Tentando recuperar seus bens depois que seu pai cometeu suicídio durante a Depressão, ela luta para trazer Junuh de volta ao golfe.

A oportunidade surge quando Adele organiza um torneio com a participação dos dois maiores jogadores de golfe do mundo – Bobby Jones e Walter Hagen – e todos se mobilizam para convencê-lo a voltar e representar a cidade.

Ele, no entanto, está desmotivado, não confia mais no próprio talento e, pior que tudo, está com a autoestima profundamente abalada.

É neste momento que surge Bagger Vance (Will Smith), um sujeito misterioso, um pouco místico, um pouco até inexistente, uma figura que poderia simbolizar a determinação ou a força, um mentor, enfim tudo do que Junuh necessitava para submergir do poço em que se afundara.

Vance vai ajudar Junuh a voltar a acreditar em si mesmo. Aos poucos ele vai se reintegrando ao antigo ambiente e vencendo – não apenas os jogos – mas principalmente os traumas da guerra e a desilusão que o impedia de voltar a viver.

Além de mostrar uma história de redenção e volta por cima, o filme também possibilita o debate de muitos temas como o confronto com os traumas da vida, a superação da adversidade, a identificação com o outro, a importância do afeto e da amizade e a alegria do renascimento.

Embora o filme seja baseado numa obra ficcional, ambos os golfistas, Jones e Hagen, existiram na vida real e foram nomes lendários do esporte.

A história é narrada pelo garotinho Hardy Greaves (J. Michael Moncrief), interpretado na velhice pelo cultuado Jack Lemmon, em seu último papel no cinema.

◣ Temas

Amizade, autoestima, desafio, educação, motivação, resistência, superação.

◣ Sugestões para o debate

1. Pedir a três alunos para conduzirem um debate em torno das seguintes questões:

    ■ Como poderia ser definido o personagem Vance: ele é um professor, um mentor que ministrava ensinamentos ou é uma figura mágica que representava a força e o estímulo para Junuh continuar?

- O que fazer quando algo imprevisto afasta as pessoas daquilo que haviam planejado seguir?
- Junuh estava certo quando não quis mais jogar? Talento é algo que possa ser "jogado no lixo" por quem o detém? Como incentivar o aproveitamento de um talento, cujo detentor se recusa a exercê-lo?

2. Pedir para três alunos indicarem situações semelhantes às retratadas no filme.

3. O filme começa com o personagem Hardy, já envelhecido (Jack Lemmon), iniciando a narrativa da história. Lemmon, que foi um dos maiores atores do cinema, todas as vezes que começava a atuar num filme – um trabalho que ele adorava e exercia com alma e paixão – tinha o hábito de proferir a seguinte frase: "Este é um momento mágico".

Sugerimos colocar em debate a frase do ator e a importância de fazer o que traz alegria, prazer e significado.

◤ Ficha técnica

Título original:	The Legend of Bagger Vance
Título da tradução brasileira:	Lendas da Vida
Ano:	2000
País:	EUA
Direção:	Robert Redford
Roteiro:	Steven Pressfield e Jeremy Leven
Fotografia:	Michael Ballhaus
Edição:	Hank Corwin
Música:	Rachel Portman
Atores principais:	Matt Damon, Will Smith, J. Michael Moncrief, Charlize Theron, Bruce McGill, Joel Gretsch, Harve Presnell e Jack Lemon
Produção:	Allied Filmmakers
Gênero:	Drama
Duração do filme:	126 minutos

A Língua das Mariposas

O filme aborda a ligação professor-aluno de uma forma próxima, muito mais apoiada em uma troca cíclica do que em relações verticais.

A história destaca a importância do professor não apenas como o elo para que os alunos se adaptem à escola, mas também para que eles gostem, interajam com o ambiente escolar, se interessem pela aprendizagem, descubram a importância do conhecimento e se pautem pelos exemplos do dia a dia com o mestre.

A trama gira em torno do menino Moncho (Manuel Lozano), de sete anos, que tem medo de ir à escola. Ele acredita que se errar será castigado e, por isso, um dos seus desejos é deixar seu país e fugir para a América do Norte. Ao conhecer o tranquilo e paciente Don Gregório, um professor que jamais age agressivamente com qualquer de seus alunos, Moncho encontra um apoio para mudar seu pensamento.

Além das disciplinas que precisa ensinar, Don Gregório transmite noções de respeito, sensibilidade, apoio para realização dos sonhos, dos ideais e posturas éticas e adequadas perante o mundo.

Moncho se encanta com as histórias e lições transmitidas pelo mestre e acaba apaixonado pela escola.

O roteiro do filme é feito com muita maestria. A atitude de Don Gregório contrasta com os posicionamentos autoritários da época em que o filme é passado, o período anterior à Guerra Civil Espanhola.

◤ Temas

Aprendizagem, educação, ética, solidariedade, valores.

◤ Sugestões para o debate

Pedir para quatro alunos voluntários:

1. Responder à seguinte pergunta: qual a principal razão pela qual Don Gregório cativava os alunos?
2. Fazer um relato de sua experiência quando foi à escola pela primeira vez: como se sentiram, como foi a adaptação e qual foi o papel do professor nesse contexto.
3. Comentar a relação entre Moncho e seu velho professor Don Gregório e como visualiza a relação professores-alunos.
4. Estabelecer uma relação da época retratada e os posicionamentos autoritários dos professores com o que acontece nos dias atuais.

◤ Ficha técnica

Título original:	La Lengua de Las Mariposas
Título da tradução brasileira:	A Língua das Mariposas
Ano:	1999
País:	Espanha
Direção:	José Luís Cuerda
Roteiro:	Rafael Azcona
Fotografia:	Javier Salmones
Edição:	Ignácio Cayetano Rodriguez e Nacho Ruiz Capillas
Música:	Alejandro Amenábar
Atores principais:	Fernando Fernán Gómez, Manuel Lozano, Uxía Blanco, Gonzalo Martín Uriarte, Aléxis de Los Santos, Guillermo Toledo
Produção:	Canal + España
Gênero:	Drama
Duração do filme:	95 minutos

Meu Mestre, Minha Vida

Baseado numa história real, o filme acompanha o arrogante e autoritário Joe Clark, que é convidado por seu amigo Frank Napier a assumir o cargo de diretor na problemática escola em Paterson, New Jersey, de onde ele havia sido demitido.

Com seus métodos nada ortodoxos, Joe se propõe a fazer uma verdadeira revolução no colégio marcado pelo consumo de drogas, disputas entre gangues e considerado o pior da região. Com isso, ele ao mesmo tempo coleciona admiradores e também muitos inimigos.

◥ Temas

Aprendizagem, conflito, educação, mudança, paradigmas, poder.

◥ Sugestões para o debate

Dividir os alunos em grupos para realizarem um trabalho sobre as fronteiras entre o aprendizado formal, normalmente transmitido nas escolas, e o informal no dia a dia de cada um.

No desenvolvimento, será importante ter em conta que a escola precisa estar inserida na vida dos alunos e não ser apenas uma instituição fria, mas um local no qual o educando se sinta à vontade para entender, buscar e fazer parte do processo histórico ao qual pertencem.

◥ Ficha técnica

Título original:	Lean on me
Título da tradução brasileira:	Meu Mestre, Minha Vida
Ano:	1989
País:	EUA
Direção:	John G. Avildsen
Roteiro:	Michael Schiffer
Fotografia:	Victor Hammer
Edição:	John G. Avildsen e John Carter
Música:	Bill Conti
Atores principais:	Morgan Freeman, Alan North, Beverly Todd, Lynne Thigpen, Robert Guillaume
Produção:	Warner Bros. Pictures
Gênero:	Drama
Duração do filme:	104 minutos

O Mestre da Vida

Baseado em fatos reais, o filme acompanha a relação entre John, um adolescente problemático e apaixonado pela arte, e Seroff, um recluso pintor russo, que guarda alguns traumas do passado.

Quando o jovem consegue convencer Seroff a ensiná-lo a pintar e vai passar alguns meses em sua casa de verão, suas vidas nunca mais serão as mesmas.

Além de abordar inúmeros fenômenos da vida, como a convivência entre opostos, a partilha de experiências e a superação, o filme proporciona um debate sobre inúmeras questões presentes no ambiente estudantil e nas fases da adolescência.

◣ Temas

Aprendizagem, diversidade, potencial, ritos de passagem, sonhos, superação, talento.

◣ Sugestões para o debate

Sugerimos que seja pedido aos alunos que escrevam um texto escolhendo um dos temas a seguir:

1. A aprendizagem como troca cíclica, independentemente da faixa etária e do conhecimento.

2. As inúmeras frases ditas no filme que valem momentos de reflexão.
3. As muitas colocações sobre a função da arte.
4. A cena em que Carla, uma amiga de Seroff, diz para John: "Não deixe ninguém fazê-lo desistir daquilo que você quer fazer e ser".
5. A premiada e excelente fotografia de Michael Negrin, um dos pontos altos do filme.

Outra sugestão poderia ser escolher cinco alunos para fazer uma exposição para todo o grupo com os mesmos temas.

◣ Ficha técnica

Título original:	Local Color
Título da tradução brasileira:	O Mestre da Vida
Ano:	2006
País:	EUA
Direção:	George Gallo
Roteiro:	George Gallo
Fotografia:	Michael Negrin
Edição:	Malcolm Campbell
Música:	Chris Boardman
Atores principais:	Armin Mueller-Stahl, Trevor Morgan, Ray Liotta, Charles Durning
Produção:	Alla Prima Productions
Gênero:	Drama
Duração do filme:	90 minutos

Mr. Holland, Adorável Professor

Glenn Holland é um jovem músico que pretende abandonar os *shows* para se dedicar à composição. Para garantir sua sobrevivência vai ensinar música numa escola.

Na medida em que tenta se adaptar a uma profissão da qual não gosta muito, Holland vai se envolvendo e se distanciando do seu objetivo inicial.

Temas

Aprendizagem, conflito, mentor, métodos não convencionais, papel do professor.

Sugestões para o debate

Dividir os alunos em grupos e propor um trabalho em torno da utilização de métodos não convencionais em sala de aula, não só em termos das atitudes do professor, mas também na utilização de determinadas ferramentas como música, teatro, cinema e estímulos que contribuam para aumentar o interesse dos estudantes.

Ficha técnica

Título original:	Mr. Holland's Opus
Título da tradução brasileira:	Mr. Holland, Adorável Professor

Ano:	1995
País:	EUA
Direção:	Stephen Herek
Roteiro:	Patrick Sheane Duncan
Fotografia:	Oliver Wood
Edição:	Trudy Ship
Música:	Michael Kamen
Atores principais:	Richard Dreyfuss, Glenne Headly, Jay Thomas, Olympia Dukakis, William H. Macy, Alicia Witt
Produção:	Hollywood Pictures
Gênero:	Drama
Duração do filme:	142 minutos

A Música do Coração

A Música do Coração é baseado na história real de Roberta Guaspari e traz inúmeros personagens dotados de solidariedade e cidadania.

Roberta (Meryl Streep) é uma professora de violino numa escola de um dos bairros mais pobres de Nova York, o East Harlem. Um dia, ela descobre que terá um corte orçamentário no seu programa. Para garantir a continuidade da causa que abraçou, planeja a realização de algo quase impossível: um concerto beneficente no Carnegie Hall. A sofisticação e a importância do local certamente contribuiriam para chamar a atenção para a relevância do trabalho e a necessidade de sua continuidade.

Após um enorme esforço, Roberta consegue que o concerto seja apresentado por seus alunos e ex-alunos, mas também por músicos famosos, que ficam solidários com ela e com seu projeto.

A roteirista, Pamela Gray, que no trabalho de pesquisa para o filme conviveu intimamente com a personagem real e acompanhou de perto todos os problemas que ela precisou enfrentar para levar adiante o seu trabalho, acha que Roberta encontrou na música um meio para enfrentar os desafios da vida.

Mas o mais importante é o que pensa e diz a própria Roberta. Num primeiro contato, quando o diretor diz que ela deveria se sentir muito orgulhosa por ensinar os meninos a tocar instrumentos tão belos, Roberta responde que o fundamental é estar ensinando a eles a " tocar" suas próprias vidas.

Para a professora, tudo o que ela ensinava – ter disciplina, ser forte, não desistir, ser responsável pelo tom de tudo que se faz – significava na verdade ensiná-los a superar obstáculos e adversidades.

Mostrando a eles a diferença de algumas ações que são melhores do que outras e a necessidade de dedicarem tempo e disciplina para isso, certamente iriam conquistar um futuro mais promissor.

As palavras dela definem também o verdadeiro sentido do trabalho realizado por muitas pessoas que se dedicam a causas semelhantes como a que ela desenvolve.

O filme procura destacar a importância de projetos ligados à inclusão social e à cidadania, cujos resultados podem ajudar pessoas marginalizadas a realmente mudar o rumo de suas vidas.

Um comentário final: *A Música do Coração* é um filme totalmente atípico na carreira do diretor, autor de muitos filmes de terror, entre eles o famoso *Pânico (Scream)* e de suas continuações *Pânico 2* e *Pânico 3*.

◣ Temas:

Aprendizagem, comportamento de grupos, desafio, humanismo, motivação, persistência, preconceito, sonhos, solidariedade, superação.

◣ Sugestões para o debate

1. Escolher cinco alunos para formular questões em torno dos seguintes temas:

   - As características de Roberta Guaspari para vencer as dificuldades surgidas e sua persistência para vencer os desafios.
   - A superação de obstáculos.
   - As formas para contornar adversidades e vencer situações difíceis.

2. Pedir a três alunos para escolher e comentar a cena que mais os impressionou no filme.

3. Pedir para três alunos exporem o que entendem sobre o conceito de cidadania.

4. Discutir como estabelecimentos escolares e alunos podem contribuir para a realização de ações sustentáveis na comunidade.
5. Pedir ao grupo para narrar experiências pessoais em que situações de crise geraram oportunidades de crescimento.

◥ Ficha técnica

Título original: Music of the Heart
Título da tradução brasileira: A Música do Coração
Ano: 1999
País: EUA
Direção: Wes Craven
Roteiro: Pamela Gray
Fotografia: Peter Deming
Edição: Gregg Featherman e Patrick Lussier
Música: Mason Daring e Diane Warren
Atores principais: Meryl Streep, Cloris Leachman, Aidan Quinn, Ângela Bassett
Produção: Miramax Films
Gênero: Drama
Duração do filme: 124 minutos

Nenhum a Menos

Nenhum a Menos é uma fábula sobre a perseverança. Através de uma história simples sobre o cotidiano de uma escola rural, o filme traça um painel sobre a China de hoje, além de fazer uma advertência sobre a evasão escolar, uma questão que, com poucas exceções no mundo contemporâneo, é universal.

Numa narrativa despretensiosa e com atores não profissionais – como um conto natural que traz os espectadores para dentro do filme, uma forte característica do cinema oriental – o diretor aborda temas sérios e complexos como a divisão de classes, sistema educacional, normas rígidas, burocracia e traços culturais.

A trama segue Wei Minzhi (a ótima Minzhi Wei), uma menina de 13 anos que recebe a missão de ser professora interina numa escola de um vilarejo miserável do interior da China. O professor titular tem que se afastar para visitar a mãe doente e passa rígidas instruções para Wei: ao lado de cuidados de rotina, como não desperdiçar giz, artigo de luxo na escolinha, ele enfatiza que nenhum dos vinte e oito alunos, sob qualquer hipótese, pode deixar de frequentar as aulas. Se ela conseguir cumprir essa tarefa, ganhará 10 yuans a mais do que o pagamento combinado.

Para Wei, manter todos na sala passa a ser mais importante até do que ela poderia ensinar àquelas crianças, que são apenas um pouco mais jovens do que a sua inexperiente professora.

A responsabilidade sobre os ombros de Wei fica ainda mais pesada quando o garoto Huike (Zhang Huike) foge para a cidade em busca de trabalho. Nesse momento, o filme cresce no seu aspecto didático; há um problema real a ser solucionado e Wei convoca toda a classe para ajudar a resolvê-lo.

Mas as coisas não vão ser fáceis. Será necessário usar a criatividade, enfrentar uma série de obstáculos e dificuldades e, acima de tudo, não fraquejar e seguir em frente para trazer Huike de volta para a escola.

O filme é comovente e terno sem derrapar na pieguice e no lugar-comum em qualquer momento, até mesmo quando temos que acompanhar Huike buscando comida nas ruas da cidade e a peregrinação de Wei para tentar ajudá-lo, tendo que para isso enfrentar uma série de dificuldades impostas pelas posturas urbanas, bem como conviver com a indiferença e a desconfiança das pessoas.

Através do drama das duas crianças, o diretor mostra como a pobreza força famílias a se mudarem para as cidades, afetando consequentemente a frequência nas escolas rurais; como os programas de tevê tiram proveito dos dramas do cotidiano; como as cidades grandes podem ser selvagens; mas, acima de tudo, como as qualidades de alguns seres humanos podem ter a força e a perseverança de superar situações extremamente difíceis.

Nenhum a Menos é um filme sobre a nobre arte de ensinar. Mas os ensinamentos que o diretor Yimou quer passar ultrapassam os limites da escola convencional; seu filme tenta mostrar que na escola da vida cada dia pode ser um momento e uma oportunidade para novos aprendizados.

O filme ganhou o Leão de Ouro no Festival de Veneza e o prêmio de audiência no Festival de São Paulo.

◥ Temas

Aprendizagem, comportamento de grupos, cultura, desafio, disciplina, humanismo, padrões, persistência, superação.

◥ Sugestões para o debate

1. Pedir para o grupo comentar o procedimento de Wei e sua tenacidade em cumprir as recomendações do professor titular da escola.

2. Propor um debate em torno da função social da escola principalmente no mundo de hoje.
3. De que forma as instituições educacionais – já que afetam e são afetadas pelo meio onde atuam – podem fazer a sua parte para diminuir a desigualdade social? Pedir para o grupo relatar experiências em torno do tema.
4. Propor ao grupo uma reflexão sobre o papel da tevê como instrumento de mudanças na sociedade e até onde pode ir o seu poder de explorar os dramas do cotidiano.
5. Os aprendizados do filme e sua aplicação na nossa vida pessoal.

◥ Ficha técnica

Título original:	Ye Ge Dou Bu Neng Shao
Título da tradução brasileira:	Nenhum a Menos
Ano:	1999
País:	China
Direção:	Zhang Yimou
Roteiro:	Xiangsheng Shi
Edição:	Ru Zhai
Fotografia:	Yong Hou
Música:	Bao San
Atores principais:	Minzhi Wei, Zhang Huike
Produção:	Columbia Pictures
Gênero:	Drama
Duração do filme:	103 minutos

Um Novo Homem

Ao ficar desempregado, o publicitário Bill Rago aceita trabalhar numa escola do Exército como professor de recrutas. Insatisfeito com seu novo cargo ele começa a ensinar Shakespeare para sua nova turma.

Ao contrário do que podia acontecer, a convivência com seus alunos estabelece uma relação de amizade e confiança.

◣ Temas

Amizade, confiança, criatividade, ensinamentos, métodos não convencionais.

◣ Sugestões para o debate

Pedir para três alunos voluntários conduzirem um debate com a turma em torno dos pontos abordados no filme, principalmente:

1. A atitude de Bill Rago.
2. Qual o principal fator para a aceitação de Rago e a relação que se estabeleceu com a turma?
3. Qual personagem mais o impressionou e por quê?

◣ Ficha técnica

Título original:	Renaissance Man
Título da tradução brasileira:	Um Novo Homem

Ano: 1994
País: EUA
Direção: Penny Marshall
Roteiro: Jim Burnstein
Fotografia: Adam Greenberg
Edição: George Bowers e Battle Davis
Música: Hans Zimmer
Atores principais: Danny De Vito, Gregory Hines, James Remar
Produção: Touchstone Pictures
Gênero: Comédia dramática
Duração do filme: 130 minutos

O Óleo de Lorenzo

O filme é a história real de um garoto que levava uma vida normal até que, se aproximando da idade de seis anos, começa a apresentar problemas de ordem mental. Levado ao médico, é diagnosticado com o mal de ALD, uma doença rara que provoca degeneração no cérebro e leva o paciente à morte no máximo em dois anos. Os pais do menino, Augusto e Michaela Odone, não se conformam com o diagnóstico e passam a pesquisar sozinhos, na esperança de descobrir algo que possa deter o avanço da doença.

Na verdade, os pais não aceitam a morte do filho como certa e, na luta para salvá-lo, se tornam autodidatas. O filme, que trata com seriedade um tema polêmico, mostra que podemos fazer coisas que estão além do nosso conhecimento e, mesmo o que parece impossível deve ser tentado.

Lorenzo Odone, cuja expectativa de vida era de poucos anos depois de diagnosticada a doença, faleceu em maio de 2008, vítima de pneumonia, com 30 anos de idade e, segundo seu pai, a morte não teve relação com a ALD.

Augusto Odone recebeu Ph.D. honorário por seu trabalho pioneiro e conseguiu desenvolver novos trabalhos com a participação do falecido Doutor Hugo Moser, uma autoridade em ALD, ainda que sem reconhecimento da medicina oficial.

◣ Temas

Aprendizagem, ciência, coragem, ética, humanismo, persistência, poder, superação.

◣ Sugestões para o debate

Embora o filme se concentre na história vivida pelo casal Odone, há diversos elementos no seu desenvolvimento que permitem a transposição para outras áreas. Uma sugestão seria, após a exibição do filme na íntegra, deixar o debate livre, mas outras formas podem ser trabalhadas de acordo com o perfil, a faixa etária e as disciplinas cursadas pelos alunos.

1. Uma delas seria dividir os alunos em grupos e pedir para debaterem os seguintes aspectos:

   - Pontos do filme que mais o tocaram.
   - O que fariam no lugar dos pais de Lorenzo.
   - A principal mensagem que o filme transmite.
   - A possibilidade de haver ciência funcional fora de uma comunidade científica.
   - As questões éticas envolvidas nas experiências com biogenética.
   - Os males que podem ser causados pelo abuso de poder por aqueles que o detêm.
   - A ética que deve ser seguida na utilização de cobaias, seja com animais, seres humanos e especialmente com grupos e sociedades menos favorecidos.

2. Numa transposição para o mundo estudantil, pedir ao grupo para relatar uma experiência em que coisas interessantes surgiram em função de alguém ou de um grupo que liderou uma ação ou iniciativa inovadora.

3. Propor um debate sobre a importância de, em decisões relacionadas com experiências semelhantes às mostradas no filme, serem consideradas todas as variáveis envolvidas, tais como as religiosas, legais, culturais, sociais, éticas, econômicas e principalmente as humanas.

4. A exibição do filme para alunos de áreas ligadas à química, médica ou outras afins enseja um debate interessante nos aspectos envolvidos na história.

◤ Ficha técnica

Título original:	Lorenzo's Oil
Título da tradução brasileira:	O Óleo de Lorenzo
Ano:	1992
País:	EUA
Direção:	George Miller
Roteiro:	George Miller e Nick Enright
Fotografia:	John Seale
Edição:	Marcus D'Arcy
Música:	Chris Tedesco
Atores principais:	Susan Sarandon, Nick Nolte
Produção:	Doug Mitchell
Gênero:	Drama
Duração do filme:	129 minutos

Olhos Azuis

Olhos Azuis é baseado na experiência denominada "Olhos Azuis, Olhos Castanhos", realizada por Jane Elliot, uma ex-professora de escola primária de Riceville, Iowa, nos Estados Unidos.

Em 1968 Elliot iniciou um programa educacional sobre a questão do racismo numa escola, somente para brancos, em que ela lecionava.

A experiência constituiu no seguinte: Elliot dividiu a turma em dois grupos, um composto de pessoas com olhos castanhos, outro com as de olhos azuis. As que tinham cor de olhos que não se enquadrava nesses grupos – verdes ou avelãs – foram deixados de lado.

Após dividir a turma, ela afirmou que os possuidores de olhos castanhos eram superiores aos demais porque possuíam uma maior quantidade de melanina. Por outro lado, os que tinham olhos azuis eram preguiçosos e não mereciam confiança.

Para tornar mais real sua experiência, ela procurou tirar alguns direitos dos que tinham olhos azuis e procurava sempre conceder mais benefícios para aqueles que tinham olhos castanhos.

Como ela esperava e tinha pré-formulado em sua hipótese, as pessoas de olhos azuis começaram a se retrair e a se sentir inferiorizadas diante das de olhos castanhos. Estas, por sua vez, passaram a demonstrar toda a superioridade que imaginavam possuir, apenas por ter olhos castanhos.

Elliot afirma que em todos os lugares onde foram feitos experimentos similares, as pessoas nunca mais esqueceram como se sentiram. Ela relatou que alguns dos estudantes mais ativos e brilhantes ficavam extremamente passivos por terem sido discriminados. Diversos alunos até esqueceram como multiplicar, porque faziam parte do grupo que era considerado "preguiçoso e ruim".

A professora quis provar com sua verificação racial da realidade que o preconceito é facilmente apreendido e assim como ele pode ser criado, ele pode ser destruído.

Apesar da ótima intenção de Elliot, as pessoas se dividiram quanto à sua experiência, não apenas pelo experimento em si, mas também pelas consequências que poderia deixar naqueles que participaram do programa. Aqueles que eram contrários se manifestaram de várias formas, alguns de maneira extremada. Elliot e sua família chegaram a ser ameaçadas.

O documentário realizado por Verhaag sobre a experiência de Elliot é forte e causa desconforto ao ser assistido. É um ótimo filme, no entanto, para debater o preconceito não apenas contra as pessoas de cor, mas também – numa extensão do tema – sobre todos que sofrem qualquer tipo de discriminação, ou seja, homossexuais, deficientes, judeus, mulheres e ainda aqueles pertencentes às classes econômicas e sociais menos favorecidas.

◣ Temas

Comportamento de grupos, discriminação, educação, ética, modelos mentais, preconceito, valores.

◣ Sugestões para o debate

1. Dividir os alunos em grupos e propor a realização de um trabalho em torno das seguintes questões:
    - A experiência da Professora Jane Elliot.
    - A ética que deve ser seguida na realização de experimentos, seja com seres humanos, grupos ou animais.
    - A importância de, na realização de qualquer experimento, considerar todas as variáveis envolvidas, tais como legais, humanas, sociais, culturais, éticas e, principalmente, quanto às consequências que podem gerar no futuro para os envolvidos.

2. Colocar em debate outras formas de racismo e preconceito no contexto escolar e na vida pessoal de cada um.

Ficha técnica

Título original:	Blue Eyed
Título da tradução brasileira:	Olhos Azuis
Ano:	1996
País:	EUA
Direção:	Bertram Verhaag
Roteiro:	Bertram Verhaag
Fotografia:	Waldemar Hauschild
Música:	Frank Loef e Wolfgang Neumann
Edição:	Uwe Klimmeck
Produção:	Denkmal Film
Gênero:	Documentário
Duração do filme:	90 minutos

A Onda

A Onda é baseado no livro de Todd Strasser, sobre um episódio real ocorrido na Califórnia nos anos 60.

Um professor reproduz, na sala de aula, o que poderia ter levado à consolidação do nazismo e demonstra na prática o significado da autocracia e como funciona o sistema ideológico que suporta regimes totalitários. A experiência foge ao controle e toma outros rumos.

O filme é muito rico e permite o debate de inúmeros temas presentes no cotidiano de nossas vidas e evidencia como ordens totalitárias podem ser legitimadas pelo senso comum.

Para fazer o filme, o diretor entrevistou o professor e muitas pessoas que participaram do experimento real ocorrido em 1967.

A história suscita embates psicológicos, morais, éticos e filosóficos.

Há uma versão anterior de *A Onda*, feita para a televisão em 1981, dirigida pelo diretor americano Alexander Garasshoff.

◣ Temas

Bullying, comportamento de grupos, disciplina, discriminação, educação, desejo de pertencimento ao grupo.

◥ Sugestões para o debate

1. Pedir para três alunos fazerem um relato em torno de sua visão sobre o filme e a experiência do professor reproduzida na sala de aula.
2. Propor um debate em torno do *Bullying*, ato que se caracteriza por atitudes agressivas, intencionais e repetidas adotadas normalmente por um ou mais estudantes contra outro ou outros. Enfatizar a questão do desequilíbrio de poder, uma de suas características essenciais para intimidar as vítimas.
3. Incentivar o relato de experiência semelhante do conhecimento de algum membro do grupo de alunos.

◥ Ficha técnica

Título original:	Die Welle
Título da tradução brasileira:	A Onda
Ano:	2008
País:	Alemanha
Direção:	Dennis Gansel
Roteiro:	Dennis Gansel, Peter Thorwarth e Todd Strasser (livro)
Fotografia:	Torsten Breuer
Edição:	Ueli Christen
Música:	Heiko Maile
Atores principais:	Jürgen Vogel, Frederick Lau, Max Riemelt, Jennifer Ulrich, Christiane Paul
Produção:	Rat Pack Film Production
Gênero:	Drama
Duração do filme:	101 minutos

Orquestra dos Meninos

O filme é a história real do maestro Mozart Vieira que em pleno sertão pernambucano, na década de 70, resolveu ensinar música clássica para doze jovens camponeses, que formam uma orquestra e passam a interpretar obras de Bach, Mozart, Villa-Lobos e outros.

A enorme repercussão provoca a reação de grupos poderosos que passam a temer o maestro como uma nova liderança na região.

Além de ser um exemplo incrível de inclusão social, o filme mostra como uma pessoa pode fazer a diferença e a sua parte para transformar cenários adversos em oportunidades de crescimento.

O maestro conseguiu criar uma fundação e hoje ensina música clássica para 200 jovens. Todos os 12 integrantes iniciais da orquestra vivem hoje da música, como é o caso da cantora Eliane Chagas, uma ex-roceira com vários cursos na Europa e nos Estados Unidos.

◥ Temas

Aprendizagem, identificação e aproveitamento do potencial, sonhos, superação.

◥ Sugestões para o debate

Tomando como exemplo a experiência tão bem-sucedida do maestro Mozart, que descobriu potencial artístico nos jovens camponeses, uma ideia poderia ser o desenvolvimento de uma "brincadeira" em que os alunos mostrariam sua aptidão para determinadas coisas: cantar, tocar algum instrumento, recitar uma poesia, escrever um conto, executar um número de dança, fazer um trabalho manual, criar um repente e outras possibilidades permitidas pela localização e/ou recursos da escola.

Uma outra sugestão seria deixar o debate em aberto para que os alunos abordassem os pontos que mais os emocionaram e por quê.

◤ Ficha técnica

Título original:	Orquestra dos Meninos
Ano:	2008
País:	Brasil
Direção:	Paulo Thiago
Roteiro:	Paulo Thiago
Fotografia:	Guy Gonçalves
Edição:	Natara Ney
Música:	Paulo Sérgio Santos
Atores principais:	Murilo Rosa, Priscila Fantin, Othon Bastos
Produção:	Vitória Produções/Gláucia Camargos
Gênero:	Drama
Duração do filme:	95 minutos

Pequena Miss Sunshine

Uma família disfuncional faz uma viagem à Califórnia, atravessando o deserto em uma Kombi, para que Olive, a filha caçula, participe de um concurso de beleza infantil.

O pai é um palestrante motivacional tentando vender, sem sucesso, seu "Programa de Nove Passos", para eventos corporativos, DVDs etc. Parece encarnar a obsessão americana pelo sucesso material e o desprezo por quem não se encaixa nesse perfil. Para ele, o mundo se divide em vencedores e perdedores.

Olive é fascinada por concursos de beleza e fixada em ganhar o de Miss Sunshine. Seu irmão é um adolescente complicado, que deseja ser aviador; o tio tentou o suicídio porque perdeu seu companheiro para um outro homem, que também foi o vencedor em um concurso em que os dois participaram de melhor conhecedor de Proust; o avô é dependente químico; a mãe se esforça para segurar as pontas da família.

O filme permite o debate de temas sérios que influenciam nossas vidas, como a busca incessante do sucesso, o desprezo por quem não se encaixa em determinados perfis, o ter e o ser, ritos de passagem, pressões, entre outros.

Mostra também a inadequação dos adultos em "castrar" a infância de seus filhos para realizar seus ideais de sucesso, contribuindo muitas vezes para a formação de uma geração de crianças pasteurizadas, tanto na beleza como nas atitudes para enfrentar o mundo em que vivemos.

Espécie de *road movie* de descobrimentos, o filme é intencionalmente caricatural, absurdo, satírico, mas não deixa em qualquer momento que a seriedade se perca na comédia.

Lançado sem grandes alardes e expectativas no Festival do Cinema Independente de Sundance, foi ovacionado na sessão de estreia, levando o festival a programar sessões extras e debates em torno do tema.

Indicado ao Oscar em várias categorias, inclusive de melhor filme, ganhou o prêmio de roteiro e ator coadjuvante para Alan Arkin (o avô).

◣ Temas

Busca incessante do sucesso, conflitos familiares, ritos de passagem, pressões, valores.

◣ Sugestões para o debate

Dividir os alunos em grupos e propor um trabalho em torno dos aspectos abaixo. O resultado poderá ser apresentado para todos pelos coordenadores de cada grupo.

1. O que você achou do filme?
2. O mundo se divide em perdedores e vencedores?
3. Vale pagar qualquer preço pelo sucesso?
4. Considerando os pontos abaixo, o que é realmente o sucesso?

Para alcançar o sucesso é necessário um conjunto de fatores que inclui motivação, autoconfiança, disposição de assumir riscos, adaptabilidade à mudança, habilidades, dedicação, persistência, controle emocional.

◣ Ficha técnica

Título original:	Little Miss Sunshine
Título da tradução brasileira:	Pequena Miss Sunshine
Ano:	2006
País:	EUA

Direção:	Jonathan Dayton e Valerie Faris
Roteiro:	Michael Arndt
Fotografia:	Tim Suhrstedt
Edição:	Pamela Martin
Música:	Mychael Danna e DeVotchka
Atores principais:	Abigail Breslin, Greg Kinnear, Paul Dano, Alan Arkin, Toni Collette, Steve Carell
Produção:	Fox Searchlight Pictures
Gênero:	Comédia dramática
Duração do filme:	101 minutos

Pro Dia Nascer Feliz

O documentário é um retrato contundente sobre a adolescência e a educação no Brasil.

O diretor entrevistou alunos e registrou o seu dia a dia em escolas públicas e particulares do Sudeste e do Nordeste para traçar um panorama da realidade do jovem brasileiro, tendo como pano de fundo o ensino público e o particular.

É um filme importante para professores e profissionais ligados à área, pelo diagnóstico que faz da realidade educacional brasileira e por inúmeros subsídios que traz para debater o papel que os estabelecimentos educacionais precisam ter com a formação e o desenvolvimento dos alunos e ainda quanto à sua responsabilidade social com as comunidades onde atuam.

O documentário objetiva provocar reflexões e mudanças; assim, não faz julgamento de valor, dando voz tanto aos jovens quanto aos dirigentes educacionais e docentes.

O filme ganhou no Festival de Gramado o prêmio de melhor documentário, júri popular, melhor trilha sonora, prêmio especial do júri e prêmio da crítica.

◣ Temas

Adolescência, ensinos público e particular, papel do professor e da escola, sistema educacional.

Sugestões para o debate

Conforme detalhado no Capítulo 1, o documentário – como é o caso deste filme – pode ser testemunho direto de acontecimentos ou o retrato de determinado momento histórico, político ou pessoal.

Levando isso em consideração, uma sugestão poderia ser deixar o debate livre a fim de que os alunos possam emitir suas opiniões sobre os depoimentos e as entrevistas constantes do filme.

Para enriquecer o debate, poderia ser realizada uma lista com perguntas relacionadas ao retrato traçado pelo filme e outras ligadas à realidade da escola onde a sessão acontece.

Ficha técnica

Título original:	Pro Dia Nascer Feliz
Ano:	2006
País:	Brasil
Direção:	João Jardim
Roteiro:	João Jardim
Fotografia:	Gustavo Hadba
Edição:	João Jardim
Música:	Dado Villa-Lobos
Produção:	Flávio R. Tambellini
Gênero:	Documentário
Duração do filme:	89 minutos

À Procura da Felicidade

Embora não seja um filme passado numa escola ou retrate a vida de um professor, *À Procura da Felicidade* traz muitos ensinamentos.

O filme é a história real de Chris Gardner (Will Smith), um vendedor que enfrenta uma série de obstáculos aparentemente intransponíveis, mas sua força de vontade é maior do que tudo.

Passando por sérias dificuldades financeiras, Chris foi abandonado pela esposa, precisa cuidar de Christopher, seu filho de cinco anos, e ainda trabalhar como vendedor para sobreviver.

Na busca de um emprego melhor e de um salário mais digno, ele tenta uma vaga de estagiário – sem remuneração – numa corretora de ações, na esperança de que ao final do estágio seja contratado.

Após este difícil período, Chris finalmente tem a confirmação de que conseguiu sua efetivação no cargo pretendido.

Mas até chegar esse dia, ele passa por toda sorte de adversidades, lutando para pagar o aluguel e as compras do supermercado e garantir um mínimo de dignidade para ele e seu filho.

A história mostra como a força de vontade pode provocar uma grande transformação e a importância de resgatar pessoas como Chris, um verdadeiro exemplo de persistência na busca de realizar o seu sonho.

Observações:

1. A química perfeita entre pai e filho é levada à tela naturalmente, já que o ator mirim Jaden Smith é filho de Will na vida real.

2. O verdadeiro Chris Gardner tem uma breve aparição no final do filme, quando Chris caminha com seu filho no alto de uma colina. Nesse momento, eles cruzam com o Chris da vida real, aquele em cuja história o filme se inspira.

◣ Temas

Aprendizagem, autoestima, conflito, educação, esperança, exemplo, integridade, persistência, superação, valores.

◣ Sugestões para o debate

O filme é muito rico, não somente sob o ponto de vista do cinema, mas também na transposição para inúmeras situações da vida. Após sua exibição, de preferência na íntegra, sugerimos um debate com os alunos em torno dos seguintes aspectos:

1. A incrível persistência de Chris que não esmorecia diante das dificuldades, o que acabou possibilitando que seu sonho fosse alcançado.

2. O fato de, mesmo sob circunstâncias extremamente adversas, Chris jamais ter abdicado de seus valores básicos, sua conduta moral e sua integridade. Suas atitudes se traduziam em excelentes exemplos para a educação do seu filho.

3. A cena em que Chris diz para o seu filho nunca desistir dos seus objetivos e jamais deixar que outros – nem mesmo seu próprio pai – o coloque para baixo ou diga que ele não é capaz de algo, o aconselhando que ele proteja sempre os seus sonhos.

4. A cena em que o semblante de Chris reflete aquele misto de alívio, emoção e satisfação quando o objetivo é atingido, depois de uma busca repleta de obstáculos e dificuldades.

5. Autoconfiança. Chris acreditava no seu potencial e lutou por seus sonhos, vencendo todas as dificuldades que lhe foram impostas.

◤ Ficha técnica

Título original:	The Pursuit of Happyness
Título em português:	À Procura da Felicidade
País:	EUA
Ano:	2006
Direção:	Gabrielle Muccini
Roteiro:	Steve Conrad
Cinematografia:	Phedon Papamichael
Música:	Andrea Guerra
Elenco:	Will Smith, Jaden Smith, Thandie Newton, Brian Howe e outros
Gênero:	Drama
Duração do filme:	117 minutos

Rudy

O filme é a história real de Daniel Ruettiger e sua incrível persistência para conseguir realizar seu sonho.

Rudy, como Daniel era conhecido, sonhava em entrar para a Universidade de Notre Dame e jogar no time de futebol americano da escola. E para conseguir isso estava disposto a tudo.

Tudo, no entanto, estava contra ele. Rudy era pobre, franzino, pouco brilhante e vivia com sua família – todos operários siderúrgicos – na pequena cidade de Joliet, Indiana. Estava longe de conseguir alcançar as notas exigidas para entrar na universidade e, à exceção dele mesmo, ninguém acreditava nele.

A família, os amigos, os professores, os vizinhos, todos procuravam mostrar a Rudy que ele não tinha a força nem a inteligência suficientes para entrar em uma universidade de elite como a Notre Dame. Jogar no famoso time de futebol da faculdade, então, nem pensar.

Mas nada conseguia demovê-lo. Seu desejo era tão forte que apenas usar o uniforme do time, pegar na bola pelo menos uma vez durante todo o campeonato, ou simplesmente conseguir colocar seu nome nos arquivos da universidade, já lhe bastavam. E para isso, ele parte para a luta.

Consegue inicialmente ser aceito em outra universidade perto da Notre Dame – a Holy Cross – e depois de um enorme esforço para obter as notas necessárias consegue entrar na sonhada universidade. Como não tinha dinheiro para pagar o alojamento da escola, dormia num canto da sala de material de limpeza do estádio. E após enfrentar toda sorte de adversidades, consegue passar num teste da equipe de futebol. Classifica-se em último lugar apenas para jogar nos treinos, sem sequer ter o direito de ficar no banco dos reservas e assim vestir o uniforme da universidade para os jogos oficiais. Nada, no entanto, o esmorece.

O pai e todos que o conhecem acham que ele enlouqueceu, mas Rudy vai provar o contrário e um dia, finalmente, quando aparece uma chance de entrar em campo, ele ajuda o time a vencer uma final.

O filme tem uma força que nos envolve. De uma forma ou de outra, cada espectador encontra uma maneira de se identificar com aquele garoto persistente que batalhava com chances mínimas para alcançar o que queria, mesmo que isso fosse um sonho que todos achavam delirante e impossível.

A história de Rudy é, acima de tudo, uma poderosa ilustração da força de vontade do ser humano, capaz de tornar seus sonhos uma realidade mesmo quando desprovido de grandes talentos ou inteligência acima da média.

◣ Temas

Confiança, desafio, limites, persistência, solidariedade, sonhos, superação, valores.

◣ Sugestões para o debate

1. Pedir para cinco alunos voluntários fazerem um relato abordando as seguintes questões:

   - As motivações que levaram Rudy a batalhar, mesmo com chances mínimas, para alcançar o que queria.
   - A persistência na luta para transformar sonhos em realidade.
   - A superação de obstáculos e a busca para atingir objetivos, mesmo em condições muito adversas.
   - A importância da figura do padre.
   - As lições que o filme traz para nós como pessoas e estudantes.

2. Numa metáfora com o filme, propor um debate em torno da questão das escolhas que fazemos na vida.
3. Estimular o relato de algum aluno sobre uma experiência semelhante à história real de Rudy.

Ficha técnica

Título original: Rudy
Título da tradução brasileira: Rudy
Ano: 1993
País: EUA
Direção: David Anspaugh
Roteiro: Angelo Pizzo
Fotografia: Oliver Wood
Música: Jerry Goldsmith
Edição: David Rosenbloom
Atores principais: Sean Astin, Jon Favreau, Ned Beatly
Produção: TriStar Pictures
Gênero: Drama
Duração do filme: 116 minutos

Sementes da Violência

Sementes da Violência se passa em 1955 e tem como temática a delinquência juvenil, uma forte característica do final dos anos 50 e início dos 60.

A trama é sobre um professor (Glenn Ford), que no seu primeiro emprego numa escola do centro da cidade de Nova York entra em conflito com um grupo de estudantes de sua classe, na verdade uma gangue de marginais.

O filme é duro ao expor as tensões sociais e os valores da década e a obstinada luta do professor idealista para tentar recuperar os alunos.

Deve ser levado em consideração que é um filme realizado em 1955, com as características narrativas da época, o que pode eventualmente causar desinteresse para as gerações de hoje. No caso, vale uma explicação sobre o fato e a observação quanto à importância de serem vistos filmes de épocas passadas e o olhar especial para assistir a essas produções.

◣ Temas

Aprendizagem, comportamento de grupos, conflito, cultura, desafio, ética, humanismo, mudanças, paradigmas, padrões, poder, preconceito, resistência, sistemas educacionais, valores.

Sugestões para o debate

1. Uma primeira sugestão seria deixar o debate livre, de forma a captar as percepções dos alunos sobre os temas abordados no filme.
2. Outra ideia seria dividir os alunos em grupos e propor um trabalho em torno do papel do professor e da função social da escola.
3. Outro debate interessante seria uma comparação entre os fatos narrados no filme e os ocorridos no mundo atual, principalmente nas grandes metrópoles.

Ficha técnica

Título original:	The Blackboard Jungle
Título da tradução brasileira:	Sementes da Violência
Ano:	1955
País:	EUA
Direção:	Richard Brooks
Roteiro:	Richard Brooks e Evan Hunter (livro)
Fotografia:	Russell Harlan
Edição:	Ferris Webster
Música:	Scott Bradley, Charles Walcot e Max Freedman (canção Rock Around the Clock)
Atores principais:	Glenn Ford, Anne Francis, Louis Calherm, Margaret Hayes, Sidney Poitier
Produção:	Metro-Goldwyn-Mayer (MGM)
Gênero:	Drama
Duração do filme:	101 minutos

Ser e Ter

Ser e Ter é um filme que tem corrido o mundo e encantado pessoas de várias gerações e profissões, desde professores até pais e mães, e todos aqueles que, de alguma forma, estão ligados à missão de ensinar ou de estabelecer procedimentos para a educação e para o desenvolvimento.

O filme se passa em uma daquelas escolas que ainda existem na França, de uma única turma, na qual todas as crianças de uma mesma localidade, desde o infantil até o final da escola primária, se concentram em torno de apenas um mestre. Ele as acompanha desde o jardim da infância até o último ano do primário, transpondo-as do universo familiar para um ambiente onde o que é levado em conta é sua individualidade, sem generalizações. Enfim, a construção da personalidade.

O elemento central da história é o Professor Georges Lopez, um extraordinário exemplo de dedicação total à sua atividade de mentor e professor. Através de sua participação, o filme mostra a influência positiva do educador na formação do caráter de seres humanos desde a mais tenra idade.

Cada criança constrói seu próprio conhecimento frente às atividades curriculares que extrapolam os limites da sala de aula.

Ser e Ter foi rodado numa dessas escolas, mostrando a vida de uma pequena turma da aldeia ao longo de todo um ano.

Antes de se decidir por essa escola, Phillibert pesquisou mais de 300 estabelecimentos em toda a França, optando pela instituição na pequena comunidade de Aubergne.

O filme foi um dos selecionados oficiais do Festival de Cannes 2004 e, de lá para cá, tem sido mostrado não apenas no circuito, mas em inúmeras escolas e universidades, sempre com sessões seguidas de debates.

Ser e Ter é de uma simplicidade encantadora. Os rostos das crianças, seus gestos genuínos e inocentes, seus olhares significativos e também a sensibilidade criativa de Phillibert deram um toque de magia a mais na realidade, que, por si só, já era magnífica.

Uma das coisas que mais cativam no filme é que ele mostra a vida com autenticidade, com inteligência, apresentando o mundo da criança com sua espontaneidade, sua admiração perante o que aprenderam e a sua confiança desarmada nas pessoas.

Além disso, mostra também as dificuldades da pré-adolescência, tudo sob a condução de um mestre que é também um hábil condutor da melhor forma de interagir com as crianças.

Um fato interessante é que as crianças absorveram com naturalidade a presença das câmeras do diretor, tanto nas cenas nas salas de aula, no ônibus, nos carros, bem como dentro de suas casas.

Georges Lopez, por sua vez, possui dotes pedagógicos excepcionais, fazendo de *Ser e Ter* um filme fundamental para professores, psicólogos, orientadores e por todos aqueles que, de alguma forma, trabalham com a missão de educar. Espontaneidade, graça, tragédias do cotidiano, sofrimentos comuns, diversões, amor e muita confiança mútua desfilam aos olhos dos espectadores de uma forma mágica e lúdica.

O final do filme também é admirável, simples e ao mesmo tempo carregado de sentimentos expostos com extrema sensibilidade.

Ser e Ter é um filme que mostra que a educação depende em alta dose também dos educadores e que a criatividade deve ser o instrumento de toda a vivência escolar.

◣ Temas

Aprendizagem, criatividade, desenvolvimento, educação, inovação, papel do professor, sistemas educacionais.

◥ Sugestões para o debate

1. Considerando a amplitude de temas que o filme propicia, sugerimos que o debate seja livre, de forma a captar as percepções dos alunos sobre os importantes assuntos abordados no documentário, tais como:

   - A importância de ver o ensino hoje muito mais como troca cíclica do que como relação hierárquica.
   - O papel do professor que – a exemplo do mostrado no filme – deve ser multifacetado, transmitindo, além da educação formal, valores e princípios éticos e, em última análise, procurando preparar os alunos para a vida.
   - A função da escola na formação do caráter dos alunos, principalmente no mundo turbulento de hoje.
   - A reação das crianças, ainda despojadas de barreiras culturais e modelos mentais rígidos.

2. Como todo ser humano, as crianças do filme tinham características e temperamentos diversos, o que era considerado com grande habilidade pelo Professor Lopez, procurando ver cada aluno na sua individualidade e complexidade. Sugerimos propor um debate em torno do papel do educador quando precisa conduzir grupos – formados por jovens com personalidades, características e pensamentos diferenciados – a fim de que eles alcancem objetivos comuns.

◥ Ficha técnica

Título original:	Être et Avoir
Título da tradução brasileira:	Ser e Ter
Ano:	2002
País:	França
Direção:	Nicolas Phillibert
Roteiro:	Nicolas Phillibert
Fotografia:	Laurent Didier, Katell Djian, Hugues Gemignani, Nicolas Phillibert
Edição:	Nicolas Phillibert
Música:	Philippe Hersant
Produção:	Canal+
Gênero:	Documentário
Duração do filme:	104 minutos

Sociedade dos Poetas Mortos

Sociedade dos Poetas Mortos se passa no outono de 1959, no tradicionalíssimo internato Welton Academy, uma escola secular e tradicional de Vermont, nos Estados Unidos.

Narra a história do Professor John Keating, interpretado por Robin Williams que – quando retorna à escola onde tinha sido um aluno brilhante para ser o novo professor de inglês – se torna uma figura polêmica e malvista pela direção e pelo corpo docente da escola, ao despertar nos alunos a paixão pela poesia e pela arte e a rebeldia contra convenções culturais e sociais.

Os estudantes, empolgados, ressuscitam a Sociedade dos Poetas Mortos, fundada por Keating em seu tempo de colegial e dedicada ao culto da poesia, do mistério e da amizade.

A tensão entre disciplina e liberdade vai aumentando, os pais dos alunos são contra os novos ideais que seus filhos descobriram, e se instala o conflito.

O tema básico do filme é a escolha entre a liberdade pessoal e o conformismo com as normas estabelecidas.

Idolatrado pelos alunos, Keating é perseguido e afastado pela direção da escola que não consegue, no entanto, destruir os ideais de liberdade e independência que ele plantou na mente dos jovens estudantes.

O filme expõe o papel de professores que, com inovação e idealismo, levam seus alunos para um mundo de cultura, ideais e criatividade.

◤ Temas

Aprendizagem, comportamento de grupos, conflito, crescimento, criatividade, cultura, ética, inspiração, mudança, sistemas educacionais, superação, valores.

◤ Sugestões para o debate

O filme é muito rico, permite muitas leituras e é uma ótima oportunidade para estimular ações criativas.

Pedir para três alunos voluntários destacarem o que mais os impressionou no filme.

Pedir aos alunos que escolham algo que, segundo eles, tornaria suas vidas extraordinárias.

Uma outra sugestão, à semelhança do que ocorre na trama, poderia ser pedir aos alunos para trazerem uma poesia de sua autoria ou de autor de sua preferência, que será lida para todos.

◤ Ficha técnica

Título original:	Dead Poet Society
Título da tradução brasileira:	Sociedade dos Poetas Mortos
Ano:	1989
País:	EUA
Direção:	Peter Weir
Roteiro:	Tom Schulman
Fotografia:	John Seale
Música:	Maurice Jarre
Edição:	William M. Anderson
Atores principais:	Robin Williams, Robert Sean Leonard, Ethan Hawke, Josh Charles, Gale Hansen
Produção:	Touchstone Pictures
Gênero:	Drama
Duração do filme:	128 minutos

Um Sonho Possível

O filme é a história real de Michael Oher, um jovem negro, morador de rua, vindo de um lar destruído, que é adotado por Leigh Anne, uma *socialite*, que acredita nele e em seu potencial.

Com a ajuda de um treinador de futebol, de sua escola e de sua nova família, Oher terá de superar desafios para vencer, o que também muda a vida de todos.

Ao ter uma chance, ele vislumbra e agarra a possibilidade de cursar uma universidade e se tornar um jogador de futebol americano.

Embora possibilite o debate de inúmeros temas, a ênfase da história está relacionada fundamentalmente à questão da solidariedade, da descoberta e do aproveitamento do talento e como é possível fazer a diferença, mesmo em situações adversas.

◥ Temas

Confiança, mudança, preconceito, solidariedade, sonhos, superação, talento.

◥ Sugestões para o debate

Tendo em vista o teor do filme, o debate poderia ser aberto com ênfase na questão da solidariedade e dos vários aspectos que envolvem o tema da adoção.

Ficha técnica

Título original:	The Blind Side
Título da tradução brasileira:	Um Sonho Possível
Ano:	2009
País:	EUA
Direção:	John Lee Hancock
Roteiro:	John Lee Hancock e Michael Lewis (livro)
Fotografia:	Alar Kivilo
Edição:	Mark Livolsi
Música:	Carter Burwell
Atores principais:	Sandra Bullock, Tim McGraw, Quinton Aaron, Jae Head, Lily Collins
Produção:	Alcon Entertainment e Zucker/Netter Productions
Gênero:	Drama
Duração do filme:	128 minutos

O Sorriso de Mona Lisa

𝒪 filme segue Katharine Watson, uma jovem professora que sai da Califórnia, formada pela UCLA, e vai dar aulas de História da Arte, na Wellesley, uma tradicional instituição de ensino para moças na Nova Inglaterra, nos anos 50. Suas ideias avançadas vão provocar uma revolução na vida de suas alunas.

Ao chegar em Wellesley, ela verifica que todas têm muito potencial, mas estão ali apenas para chegar à estabilidade de um casamento, sem a menor preocupação com um futuro profissional. Entra a função primordial de um bom educador: ensinar a pensar e decidir o que querem fazer do seu futuro.

O filme se passa entre os anos 1953 e 1956, período em que a mulher era ainda submetida a muitas situações reguladas por conceitos e sistemas tradicionais.

Incluindo a própria Katharine, cada uma dessas personagens aprenderá algo durante o curso, algo que afetará de uma maneira transcendental suas vidas.

Um dos pontos altos é a excelente reconstrução dos usos, costumes, vestuário, a música e os mínimos detalhes do lugar e da época, o que amplia a categoria estética do filme e contribui para compor o clima.

◥ Temas

Conflito, cultura, preconceito, resistência a mudanças, tradição *versus* avanços, valores.

◥ Sugestões para o debate

Dividir os alunos em grupos e propor um trabalho considerando os seguintes pontos:

1. O filme traz a mensagem dos anos 50, período em que começou a surgir um início de abertura da mente que alteraria vários comportamentos conservadores.
2. As pessoas não precisam de grandes cargos ou palanques para revolucionar. Numa sala de aula pode haver ideais que germinam e se espalham.
3. Além do aprendizado, é função da escola conscientizar os alunos para a importância de levarem em conta suas vidas, sua função, sua importância, seu potencial e seu futuro.
4. O filme aborda, com muita propriedade, a resistência às mudanças e mostra a dificuldade de vencer princípios rígidos para implantar novas ideias.

◥ Ficha técnica

Título original:	Mona Lisa Smile
Título da tradução brasileira:	O Sorriso de Mona Lisa
Ano:	2004
País:	EUA
Direção:	Mike Newell
Roteiro:	Lawrence Konner e Mark Rosenthal
Fotografia:	Anastas N. Michos
Edição:	Mick Audsley
Música:	Rachel Portman
Atores principais:	Julia Roberts, Julia Stiles, Kirsten Dunst, Maggie Gyllenhaal
Produção:	Columbia Pictures
Gênero:	Drama
Duração do filme:	125 minutos

O Triunfo

O filme é baseado na vida de Ron Clark (1944), um professor da Carolina do Norte (EUA) que, em busca de novos desafios, vai dar aulas no Harlem, em Nova York.

O primeiro obstáculo que ele precisa transpor é a difícil competição pelo cargo, que faz com que muitos desistam antes de chegarem à etapa final.

Outra barreira – que alguns professores e professoras enfrentam no seu dia a dia – será conviver com as normas e regras da instituição, que nem sempre facilitam o trabalho docente.

Além disso, precisará vencer as resistências e a rebeldia dos próprios alunos, que muitas vezes não possuem noções dos seus direitos e deveres.

Ao enfocar esses pontos, o filme enfatiza os desafios sociais e culturais que professores e alunos precisam enfrentar, principalmente no mundo de hoje.

◥ Temas

Barreiras, competição, comportamento de grupos, desafio, educação, superação.

◥ Sugestões para o debate

Pedir para três alunos voluntários responderem às seguintes perguntas:

1. Você já tinha assistido a este filme antes?
2. Qual o ponto que mais o(a) impressionou?
3. Você se identificou com algum personagem? Qual e por quê?
4. A história lembrou alguma experiência que você tenha vivenciado ou presenciado?
5. O que você acha do comportamento do Professor Clark com os alunos?
6. O filme fez você lembrar de outros na mesma linha? Quais?

Outra sugestão poderia ser utilizar as mesmas perguntas para os alunos desenvolverem um trabalho em grupos e apresentarem o resultado para todos.

◥ Ficha técnica

Título original:	The Ron Clark Story/The Triumph
Título da tradução brasileira:	A História de Ron Clark/O Triunfo
Ano:	2006
Países:	EUA/Canadá
Direção:	Randa Haines
Roteiro:	Annie DeYoung e Max Enscoe
Fotografia:	Derick V. Underschultz
Edição:	Heather Persons
Música:	Mark Adler
Atores principais:	Matthew Perry, Judith Buchan, Griffin Cork, Jerry Callaghan, James Dugan
Produção:	Alberta Film
Gênero:	Drama
Duração do filme:	95 minutos

Up – Altas Aventuras

A história mostra a relação de uma inusitada dupla: Carl Fredricksen, um amargurado vendedor de balões aposentado e viúvo de 78 anos; e Russell, um alegre e esforçado escoteiro de 8 anos.

Ambos protagonizam uma aventura, voando juntos para o sul, numa casa içada por milhares de balões multicoloridos.

O filme de animação começa com uma sequência comovente que retrata a bela história de amor entre Carl e Ellie, da infância à velhice. A trama expõe a rotina de um casal que precisa se adequar à realidade, na medida em que as dificuldades do cotidiano vão surgindo.

Essa primeira parte é muito tocante, narrada em termos puramente visuais, praticamente sem diálogos. Repentinamente o roteiro dá uma guinada para a fantasia, quando Carl na juventude sonhava com uma vida de aventura.

Sozinho, pressionado para vender seu imóvel e intimado por um tribunal a ir morar num asilo, ele decide partir com a casa onde viveu com a esposa, sem saber que estava levando Russell a bordo. O menino estava no encalço de Carl porque precisava realizar uma ação de ajuda a idosos para obter o cobiçado grau de explorador da vida selvagem sênior, uma das metas de sua atividade de escoteiro.

Na jornada, Carl encontra parceiros improváveis, vilões inesperados, criaturas selvagens e Charles Muntz, o herói de sua infância.

A velhice de Carl – incrivelmente um dos atrativos do filme – contrasta com Russell, que torna a trama alegre com seu constante falatório e sua espontaneidade.

Up – Altas Aventuras é um filme em diferentes relevos não só em termos de imagem, mas também na construção dos personagens e na própria narrativa, num perfeito equilíbrio entre o aspecto humano e emocional e o lado da aventura.

A Pixar, produtora do filme, através de histórias leves, aborda temas adultos e, neste, encara um desafio: expor as expectativas dos seres humanos diante dos sonhos e da perda.

Os realizadores conseguem construir digitalmente histórias e personagens repletos de doçura e humanidade. Existem momentos memoráveis, com aspectos que fazem parte do cotidiano dos seres humanos: a incerteza, a dúvida, a saudade e a coragem para seguir em frente.

◣ Temas

Amizade, aprendizagem, criatividade, fantasia, gerações, inovação, perdas, recomeço, solidão, sonho, superação.

◣ Sugestões para o debate

1. Sugerimos exibir o filme na íntegra.
2. Dividir os alunos em grupos e propor um trabalho em torno das questões abaixo.
   - Como contornar adversidades e vencer situações difíceis.
   - A importância da solidariedade e do aprendizado no ambiente escolar e na vida de modo geral.
   - O papel da imaginação e da fantasia em nossas vidas.
3. Tendo em mente, a sequência da infância à velhice de Carl e Ellie na qual o silêncio, os gestos e os olhares falam por si, propor um debate em torno da comunicação, principalmente a não-verbal.
4. Valem uma exposição e um debate sobre o cinema de animação no qual a Disney já há algum tempo não vinha reinando sozinha. A questão é que a fórmula do reino encantado, príncipes, princesas e final feliz ficou desgastada e foi perdendo parte de sua magia, aliado ao surgimento de outras empresas, como a Dreamworks – pioneira em direcio-

nar seus filmes também para o público adulto com *FormiguinhaZ* – e a Pixar, que tem no roteiro um dos seus pontos altos como pode ser visto em *Procurando Nemo* e *Os Incríveis*. Embora tenha sido comprada pela Disney ela manteve seu estilo extremamente inteligente e criativo e em *UP – Altas Aventuras*, mais uma vez se superou arriscando num protagonista, que não é um peixe, nem um rato, nem robozinho e nem um super-herói, mas sim um velho rabugento e ranzinza.

◤ Ficha técnica

Título original:	Up
Título da tradução brasileira:	Up – Altas Aventuras
Ano:	2009
País:	EUA
Direção:	Pete Docter e Bob Peterson
Roteiro:	Pete Docter e Bob Peterson
Edição:	Kevin Nolting
Música:	Michael Giacchino
Atores principais (vozes):	Edward Asner (Carl), Jordan Nagai (Russel), Elie Docter (Ellie jovem) Christopher Plummer (Charles Muntz)
Produção:	Disney/Pixar Studios
Gênero:	Animação, aventura
Duração do filme:	96 minutos

Vem Dançar

Baseado numa história real, o filme segue Pierre Dulaine, um aclamado dançarino profissional que resolve trabalhar voluntariamente numa escola de dança do sistema de ensino público de Nova York.

Lá, seus modos clássicos batem de frente com os elementos do *hip-hop* praticado pelos alunos. Então ele se junta a eles para criar um novo estilo de dança e se tornar o mentor dos alunos no processo de transformação.

Na verdade, ao introduzir sua metodologia, Dulaine encontra uma turma que traz consigo outro estilo de dança. O filme faz uma metáfora sobre a importância dos professores aproveitarem e respeitarem o conhecimento prévio dos alunos para o enriquecimento das aulas.

Temas

Adaptação, autoestima, desafio, liberdade, preconceito, respeito.

Sugestões para o debate

O tema e o simbolismo da história motivam a realização de um trabalho que demonstre como nosso pensamento individual pode mudar quando é agregado ao pensamento coletivo.

Dessa forma, sugerimos pedir para os alunos responderem individualmente às perguntas abaixo e depois dividi-los em grupos para que cada um responda às mesmas perguntas.

Ao final, um coordenador apresentará o resultado de cada grupo para todos.

- O que achou do filme?
- O que achou da atitude do professor?
- O que achou dos alunos poderem fazer aquilo de que gostavam e não o que é imposto?

Ficha técnica

Título original:	Take the Lead
Título da tradução brasileira:	Vem Dançar
Ano:	2006
País:	EUA
Direção:	Liz Friedlander
Roteiro:	Dianne Houston
Fotografia:	Alex Nepomniaschy
Música:	Swizz Beatz e Aaron Zigman
Edição:	Robert Ivison
Atores principais:	Antonio Banderas, Rob Brown, Dante Basco, Lyriq Bent, Lauren Collins, Jonathan Malen
Produção:	New Line Cinema
Gênero:	Drama
Duração do filme:	118 minutos

A Voz do Coração

Na década de 40, o pequeno Pierre é um menino rebelde, filho da mãe solteira Violette. Ele frequenta um internato dirigido pelo inflexível Rachin, que enfrenta dificuldades para manter a disciplina dos alunos difíceis.

Mas a chegada do Professor Clément Mathieu traz nova vida ao lugar: ele organiza um coro que promove a descoberta do talento musical de Pierre.

Anos depois, ao receber a notícia do falecimento da mãe, o reconhecido maestro Pierre Morhange volta para casa. Lá, ele recorda sua infância por meio da leitura das páginas de um diário mantido por seu antigo professor de música, que não é outro senão Mathieu.

O filme possibilita uma reflexão sobre o desafio da educação, principalmente em contextos sociais adversos. Uma transposição para o mundo real enseja um profícuo debate sobre os métodos utilizados em sala de aula e sua adequação a cada realidade, evidenciando a necessidade de privilegiar o estilo humanista sem perder de vista o propósito educativo.

O nome do internato era "Fundo do Poço", o que dá uma perfeita dimensão da realidade enfrentada por Mathieu.

O Maestro Morhange é claramente inspirado no personagem do famoso *Cinema Paradiso* (ver página 21).

O filme concorreu ao Oscar de melhor produção estrangeira.

Temas

Aprendizagem, educação, humanismo, potencial, talento.

Sugestões para o debate

Dividir os alunos em grupos e propor um trabalho com a pergunta:

- Qual a principal mensagem do filme?

Em seguida, o coordenador de cada grupo, eleito pelos alunos, apresentará o resultado para todos, seguido de perguntas e debate.

Ficha técnica

Título original:	Les Choristes
Título da tradução brasileira:	A Voz do Coração
Ano:	2004
Países:	França/Alemanha
Direção:	Christophe Barratier
Roteiro:	Christophe Barratier e Philippe Lopes-Curval
Fotografia:	Jean-Jacques Bouhon, Dominique Gentil e Carlo Varini
Edição:	Yves Deschamps
Música:	Bruno Coulais
Atores principais:	Gérard Jugnot, François Berléand, Kad Merad, Jean-Paul Bonnaire, Marie Bunel, Jean-Baptiste Maunier
Produção:	Vega Film e Canal+
Gênero:	Drama
Duração do filme:	95 minutos

Wall-E

O filme é uma fábula ecológica passada em 2700, quando a Terra não é mais habitada por humanos e se transformou em um imenso depósito de lixo.

Enquanto o robô Wall-E passa os dias limpando a sujeira do planeta, uma nave espacial abriga os sobreviventes da humanidade, que levam uma vida ociosa e apática.

O filme propõe que deixemos de apenas demonstrar preocupação e passemos a ações que encaminhem o planeta para uma realidade sustentável.

Além de traçar uma visão ao mesmo tempo engraçada e assustadora sobre o futuro da raça humana, o filme propicia o debate de temas presentes no mundo atual, como o materialismo, o lado sombrio da tecnologia, o consumo desenfreado e a padronização que, na maioria das vezes, não leva em conta os sentimentos, a alegria e a interação social.

◣ Temas

Aprendizagem, educação, ficção científica, futurismo, planeta sustentável, robótica, tecnologia, valores.

◣ Sugestões para o debate

1. Dividir os alunos em grupos e propor um trabalho – que ao final será apresentado para todos – em torno das seguintes questões:

- O alerta que o filme faz sobre o descaso com o meio ambiente e a tendência de um futuro individualista.
- Ao contrário dos humanos, o robô é o único que parece se preocupar com as heranças deixadas pela humanidade e ainda é capaz de se emocionar e priorizar valores não materialistas.
- A cena em que o personagem encontra um anel de brilhante em uma caixa, joga o anel fora e fica com a caixinha, numa crítica ao materialismo e ao consumismo.

2. Solicitar que os alunos relatem experiências vivenciadas ou presenciadas em favor do meio ambiente.
3. Pedir para os alunos sugerirem ações que podem ser realizadas para diminuição das agressões ao planeta.
4. Propor que os alunos realizem um projeto direcionado para ações que traduzam o engajamento de todos, inclusive da família, na luta pela defesa do planeta. O trabalho deve incluir uma proposta com mudanças reais de postura e comportamento no mundo em que vivemos.

◣ Ficha técnica

Título original:	Wall-E
Título da tradução brasileira:	Wall-E
Ano:	2008
País:	EUA
Direção:	Andrew Stanton
Roteiro:	Andrew Stanton
Edição:	Stephen Schaffer
Música:	Thomas Newman
Atores principais:	Ben Burt, Elisa Knight, Jeff Garlin, Fred Willard, John Ratzenberger, Kathy Najimy, Sigourney Weaver (vozes)
Produção:	Disney/Pixar Studios
Gênero:	Animação
Duração do filme:	98 minutos

Capítulo 3
O Olhar dos Alunos

2012

O filme parte das previsões de que o mundo passará por uma catástrofe geológica em 2012, ano em que o calendário maia termina. Diante de uma liberação de partículas eletromagnéticas do Sol, ocorre um derretimento do centro da Terra e um terremoto destruirá o planeta.

A história começa quando um cientista indiano descobre que alterações nas explosões solares esquentariam o núcleo do planeta, provocando uma série de catástrofes naturais. O governo norte-americano toma conhecimento do fato e começa a adotar medidas para evitar que a humanidade seja extinta.

O filme é construído em duas vertentes: na esfera política com o governo tentando colocar em prática o plano de fuga, com enormes arcas permitindo que uma amostragem de seres humanos e animais possibilitem que o planeta seja repovoado, e na esfera humana, através da história de uma família tentando sobreviver ao caos.

Ao lado da destruição do planeta, somos apresentados ao núcleo principal de uma família em crise: ele é Jackson Curtis, um pai que, enquanto o mundo desaba, procura se reaproximar dos filhos.

Escritor e motorista de uma limusine, ele ouve de um radialista que o governo está ocultando o iminente fim do mundo e parte em resgate da família.

Enquanto isso, nos escalões superiores dos governos mundiais, há um plano de contingência. Eles não poderão salvar toda a raça humana, apenas algumas pessoas escolhidas. Esses poucos eleitos terão a chance de fundar uma nova sociedade.

◤ Temas

Futurismo, história, meio ambiente, previsões.

◤ Ficha técnica

Título original:	2012
Título da tradução brasileira:	2012
Ano:	2008
País:	Canadá
Direção:	Roland Emmerich
Roteiro:	Roland Emmerich e Harald Kloser
Fotografia:	Dean Semler
Edição:	David Brenner e Peter S. Elliot
Música:	Harald Kloser e Thomas Wanker
Atores principais:	John Cusack, Chiwetel Ejiofor, Amanda Peet, Danny Glover, Woody Harrelson, George Segal, Thandie Newton, Oliver Platt, Tom McCarth
Produção:	Columbia Pictures
Gênero:	Ficção científica, ação, aventura
Duração do filme:	158 minutos

300

Baseado na história em quadrinhos homônima de Frank Miller sobre a Batalha das Termópilas, o filme procura passar a importância da união e da garra para que um pequeno exército de 300 homens pudesse enfrentar numa estreita garganta dezenas de milhares de guerreiros do Império Persa.

A história descreve a infância em Esparta. Permite perceber aspectos da história educacional, bem como a concepção de educação e de infância para os espartanos, os quais praticavam um ensino voltado para a guerra.

◣ Temas

Aprendizagem, educação, história, Esparta, Grécia Antiga, impérios da antiguidade, infância, relações culturais e de poder.

◣ Ficha técnica

Título original:	300
Título da tradução brasileira:	300
Ano:	2007
País:	EUA
Direção:	Zack Snyder

Roteiro:	Zack Snyder e Kurt John Stad
Fotografia:	Larry Fong
Edição:	William Hoy
Música:	Tyler Bates
Atores principais:	Gerard Butler, Lena Headey, Dominic West, David Wenham, Rodrigo Santoro
Produção:	Warner Bros. Pictures
Gênero:	Ação, fantasia, guerra
Duração do filme:	117 minutos

O Banheiro do Papa

O Papa João Paulo II esteve em 1998 em uma cidade do interior do Uruguai chamada Melo.

Beto, um contrabandista, assim como os outros habitantes do lugar, visualizam no evento uma oportunidade de ganhar dinheiro vendendo para os turistas que virão ver o Papa comidas, bebidas, e outros badulaques.

Ao invés de vender quitutes, no entanto, Beto constrói o Banheiro do Papa, um sanitário para as pessoas que virão ao evento.

Para isso, precisará fazer longas, cansativas e perigosas viagens até a fronteira, além de enfrentar o desapontamento de Carmen, sua esposa, e de Silvia, sua filha.

◥ Temas

Criatividade, família, inovação, raciocínio lateral.

◥ Ficha técnica

Título original:	El Baño del Papa
Título da tradução brasileira:	O Banheiro do Papa
Ano:	2007
País:	Uruguai

Direção: César Charlone e Enrique Fernández
Roteiro: César Charlone e Enrique Fernández
Fotografia: César Charlone
Edição: Gustavo Giani
Música: Gabriel Casacuberta e Luciano Supervielle
Atores principais: César Troncoso, Virginia Méndez, Mario Silva, Virginia Ruiz, Nelson Lence, Henry De Leon
Produção: Chaya Films
Gênero: Drama
Duração do filme: 90 minutos

A Conquista da Honra

Iwo Jima, uma ilha japonesa do Pacífico, foi palco de uma das batalhas mais dramáticas durante a Segunda Guerra Mundial entre americanos e japoneses.

Para os primeiros, o objetivo era conquistar a primeira posição estratégica em solo japonês. Para os japoneses, era questão de honra evitar, a qualquer preço, a entrada dos americanos na ilha.

O diretor Clint Eastwood utilizou o mesmo episódio passado na ilha de Iwo Jima para expor dois pontos de vista: o dos americanos neste filme e o dos japoneses em *Cartas de Iwo Jima* (veja página 125). Ambos propiciam uma visão muito interessante sobre a diferença de percepções e a importância de ver os dois lados e todos os ângulos de um mesmo fato.

O filme parte da famosa foto de Joe Rosenthal que mostra seis soldados fincando o mastro da bandeira americana sobre o topo de um monte. James Bradley, filho de um deles, é o autor do livro no qual o filme se baseia e foca os dramas vividos por membros do exército americano que estiveram presentes na ilha japonesa.

◣ Temas

História, guerra, percepções diferenciadas para o mesmo fato.

▼ Ficha técnica

Título original:	Flags of Our Fathers
Título da tradução brasileira:	A Conquista da Honra
Ano:	2006
País:	EUA
Direção:	Clint Eastwood
Roteiro:	William Broyles Jr. e Paul Haggis
Fotografia:	Tom Stern
Edição:	Joel Cox
Música:	Clint Eastwood
Atores principais:	Ryan Phillippe, Jessé Bradford, Adam Beach, John Benjamin Hickey, John Slattery, Barry Pepper, Jamie Bell
Produção:	Dreamworks e Warner Bros. Pictures
Gênero:	Drama de guerra
Duração do filme:	132 minutos

Cartas de Iwo Jima

O filme – que expõe o ponto de vista dos japoneses para o mesmo episódio – partiu das cartas, encontradas na ilha, que os soldados escreveram para casa mas, com a ilha cercada, não foram enviadas por falta de transportes até o Japão.

Eles pararam de receber suprimento e sabiam que não voltariam para o Japão. Dos 22 mil japoneses que defendiam a ilha, 21 mil morreram e os 1.000 que sobreviveram foram feitos prisioneiros.

A sessão com o filme *A Conquista da Honra* e com este – que não precisa ocorrer necessariamente no mesmo dia – relata fatos históricos e ressalta a importância de conhecer as várias versões de um mesmo fato, independentemente da sua natureza ou época em que tenha ocorrido.

◥ Temas

História, guerra, percepções diferenciadas para o mesmo fato.

◥ Ficha técnica

Título original:	Letters From Iwo Jima
Título da tradução brasileira:	Cartas de Iwo Jima
Ano:	2008

País:	EUA
Direção:	Clint Eastwood
Roteiro:	Íris Yamashita
Fotografia:	Tom Stern
Edição:	Joel Cox e Gary Roach
Música:	Kyle Eastwood e Michael Stevens
Atores principais:	Ken Watanabe, Kazunari Ninomiya, Tsuyoshi Ihara, Ryo Kase, Shidô Nakamura, Hiroshi Watanabe, Takumi Bando
Produção:	Dreamworks e Warner Bros. Pictures
Gênero:	Drama de guerra
Duração do filme:	140 minutos

O Equilibrista

Em 1974 o artista circense Philippe Petit arriscou a vida para atravessar, a 410 metros de altura, o vão entre duas torres, se equilibrando num arame.

Ele burlou a segurança, passou um cabo de aço entre duas torres e à luz do dia fez a travessia. O documentário mostra cenas da época com atores encenando o plano arquitetado por Petit.

O filme provoca muitos questionamentos, tais como: Petit pôs um sonho em prática ou foi irresponsável? Vale tudo para realizar um ideal, mesmo passar por cima de aspectos legais? Por que alguns seres humanos são mais determinados e autoconfiantes do que outros? Até onde deve ir o limite para viver situações de risco tão alto como Petit fez?

Repare que os próprios entrevistados admitiram que legalmente o plano de Petit não poderia ter sido concretizado.

As torres são as do World Trade Center, as mesmas que viriam a ser destruídas no atentado de 11 de setembro em Nova York. O filme ganhou o Oscar de melhor documentário em 2009.

◤ Temas

Coragem, limites, respeito às leis, responsabilidade, riscos, sonhos, talento.

Ficha técnica

Título original:	Man on Wire
Título da tradução brasileira:	O Equilibrista
Ano:	2008
País:	Inglaterra
Direção:	James Marsh
Roteiro:	Philippe Petit (livro "To Reach the Clouds")
Fotografia:	Igor Martinovic
Edição:	Jinx Godfrey
Música:	Michael Nyman e J. Ralph
Atores principais (reconstituição do drama):	Paul McGill, David Demato, Ardis Campbell, Aaron Haskell, Shawn Dempewolff-Barret
Produção:	Discovery Films
Gênero:	Documentário
Duração do filme:	93 minutos

A Era do Gelo

Sid é uma preguiça que foi deliberadamente deixada para trás por seus semelhantes na época de migração para regiões protegidas contra o inverno, chamadas pelos animais de "era do gelo".

No caminho ela encontra um mamute chamado Manfred. Um pouco depois, Sid e Manny (como o mamute passa a ser chamado por sua companheira de viagem) encontram um filhote de humanos largado pela mãe quando estava fugindo de tigres.

Sid consegue convencer o mamute a devolver o filhote para seus legítimos pais, principalmente depois que eles encontram Diego, um tigre diferente, interessado no bem-estar da criança.

A *Era do Gelo* conta a história da jornada desse trio em sua tentativa de devolver o filhote de humanos a sua tribo.

Sofrendo constante ameaça dos outros tigres e contando no grupo com Diego – que secretamente quer pegar a criança e fugir para dividi-la com outros tigres – as dificuldades tornam-se cada vez maiores.

Uma equipe de estudiosos e pesquisadores trabalhou com afinco para conseguir o máximo de realismo possível para o filme.

◣ Temas:

Amizade, companheirismo, equipe, respeito, riscos, superação.

◤ Ficha técnica

Título original:	The Ice Age
Título da tradução brasileira:	A Era do Gelo
Ano:	2002
País:	EUA
Direção:	Chris Wedge e Carlos Saldanha
Roteiro:	Peter Ackerman, Michael Berg e Michael Wilson
Edição:	John Carnochan
Música:	David Newman
Atores principais:	(vozes) Ray Romano, John Leguizamo, Denis Leary, Goran Visnjic, Jack Black, Stephen Root, Diedrich Bader, Jane Krakowski e, na versão em português, Diogo Vilella, Tadeu Mello e Márcio Garcia
Produção:	Fox Animation Studios
Gênero:	Animação
Duração do filme:	115 minutos

Eu, Robô

A história, inspirada na obra do famoso escritor de ficção científica Isaac Asimov, se passa no ano 2035 em Chicago, quando robôs já convivem lado a lado com humanos.

Eles possuem um código de programação que os impede de fazer mal a qualquer pessoa. As coisas se complicam quando ocorre um crime e as evidências apontam para a ação de um robô.

O filme permite o debate de temas presentes no dia a dia de nossas vidas de hoje e num futuro próximo, principalmente o crescente potencial de conflito entre seres humanos e máquinas.

Segundo Asimov, as Leis da Robótica, enunciadas no início do filme, são: 1. Um robô não pode ferir um ser humano ou deixar que ele se fira. 2. Um robô deve obedecer às ordens dadas por humanos, exceto se tais ordens entrarem em conflito com a primeira lei. 3. Um robô deve se proteger, contanto que tal proteção não contrarie as leis números 1 e 2.

◣ Temas

Ecologia, futurismo, inteligência artificial, robótica, sonhos, tecnologia, valores.

Ficha técnica

Título original:	I, Robot
Título da tradução brasileira:	Eu, Robô
Ano:	2004
País:	EUA
Direção:	Alex Proyas
Roteiro:	Isaac Asimov, Jeff Vintar
Fotografia:	Simon Duggan
Edição:	Alexander Garcia, William Hoy, Richard Learoyd, Armen Minasian
Música:	Stephen Barton
Atores principais:	Will Smith, Bridget Moynahan, Alan Tudyk, James Cromwell, Bruce Greenwood
Produção:	20th Century Fox
Gênero:	Ficção científica
Duração do filme:	115 minutos

A Fuga das Galinhas

A trama se passa na década de 50 numa fazenda em Yorkshire e conta a história de um grupo de galinhas que resolvem escapar de um galinheiro onde viviam aprisionadas.

Para isso, tentam se organizar para planejar a tão sonhada fuga e são lideradas por uma companheira que ficou indignada ao ver uma de suas amigas ser morta por não ter botado nenhum ovo.

Além de possibilitar a metáfora com a história do galinheiro – através da identificação dos fatores que impedem as pessoas de sair das "cercas" e decidir o destino de suas vidas – o filme enseja uma reflexão sobre temas do nosso cotidiano.

Vale um debate sobre a sequência, no final do filme, em que as galinhas decidem construir um avião e há uma mobilização de todas no galinheiro, evidenciando a importância do espírito de equipe, a divisão de tarefas e a persistência do grupo na consecução do objetivo.

Temas

Comportamento de grupos, equipe, modelos mentais, medo do desconhecido, persistência, superação.

Ficha técnica

Título original:	Chicken Run
Título da tradução brasileira:	A Fuga das Galinhas
Ano:	2000
País:	EUA
Direção:	Peter Lord e Nick Park
Roteiro:	Peter Lord e Nick Park
Fotografia:	Tristan Oliver e Frank Passingham
Edição:	Robert Francis, Tamsin Parry e Mark Solomon
Música:	Harry Gregson-Williams e John Powell
Atores principais:	Lynn Ferguson, Mel Gibson, Tony Haygarth, Jane Horrocks, Miranda Richardson (vozes)
Produção:	Dreamworks
Gênero:	Animação
Duração do filme:	85 minutos

A Guerra do Fogo

Considerado por muitos historiadores um registro criativo dos primeiros passos da civilização, o filme recria o mundo como era há 80.000 anos.

Conta a trajetória do homem pré-histórico, enfrentando tribos inimigas e feras, vivendo num ambiente hostil, até o aparecimento de seus primeiros sentimentos.

Mostra ainda a história da busca de uma das maiores descobertas da humanidade, o domínio do fogo.

◤ Temas

Arte rupestre, ciência, domínio do fogo, história, homem pré-histórico, origem da linguagem humana, pré-história.

◤ Ficha técnica

Título original:	Quest of Fire
Título da tradução brasileira:	A Guerra do Fogo
Ano:	1981
Países:	Canadá/EUA
Direção:	Jean-Jacques Annaud
Roteiro:	Gerard Brach e J. H. Rosny Sr.

Fotografia:	Claude Agostini
Edição:	Yves Langlois
Música:	Philippe Sarde
Atores principais:	Everett McGill, Rae Dawn Chong, Ron Perlman, Nicholas Kadi
Produção:	International Cinema Corporation
Gênero:	Aventura
Duração do filme:	100 minutos

Gênio Indomável

O filme segue Will, um garoto dotado de grande inteligência, mas que vive se metendo em encrencas.

Sem família e com pouca educação formal, ele devora livros, mas guarda tudo que aprende para si e procura empregos que dispensam qualificação.

Um professor do MIT descobre que Will é um gênio e quer o garoto em sua equipe de matemática, mas como ele tem problemas com a polícia, é preciso fazer um acordo com a Justiça.

São impostas duas condições: ele tem que trabalhar com o professor e fazer terapia. Sean McGuire (Robin Williams) é o terapeuta chamado para domar o difícil temperamento do rapaz.

Ambos são igualmente teimosos, mas surge uma amizade que convence Will a encarar seu passado e seu futuro.

◥ Temas

Amizade, educação, negociação, rebeldia, talento.

◥ Ficha técnica

Título original:	Good Will Hunting
Título da tradução brasileira:	Gênio Indomável

Ano:	1997
País:	EUA
Direção:	Gus Van Sant
Roteiro:	Matt Damon e Ben Affleck
Fotografia:	Jean-Yves Escoffier
Edição:	Pietro Scalia
Música:	Danny Elfman
Atores principais:	Robin Williams, Matt Damon, Ben Affleck
Produção:	Be Gentlemen Limited Partnership
Gênero:	Drama
Duração do filme:	126 minutos

Happy Feet, o Pinguim

*I*magine uma comunidade na qual ter uma boa voz é essencial para ser aceito como igual e parte dela. Imagine, também, que nessa sociedade exista um membro que não sabe cantar e, pior, que tenha uma péssima voz para o canto, entretanto seja um excelente dançarino. O que você acha que vai acontecer com ele?

Essa é a história de Mano, um pinguim que tem um dom artístico diferente, não é aceito no seu grupo, nem pela sua família nem por seus amigos.

Um dia essa comunidade começa a passar fome e acredita que ET's estão roubando todos os peixes do oceano.

Excluído e banido de casa, Mano jura que descobrirá quem são os ET's e devolverá a abundância de alimento da qual foram privados.

Assim, se inicia sua jornada, que o levará a conhecer outros ambientes, fazer novos amigos, refletir sobre sua condição e até conhecer outra espécie, em busca do autoconhecimento e da aceitação por parte dos seus pares como iguais.

◥ Temas

Dança, diferenças individuais, meio ambiente, música, poderes místicos, preconceito, religiosidade, símbolos sagrados (Karma, espiritismo, fé, ritos de iniciação, ritos de passagem).

Ficha técnica

Título original:	Happy Feet
Título da tradução brasileira:	Happy Feet, o Pinguim
Ano:	2006
País:	EUA
Direção:	George Miller
Roteiro:	George Miller e Warren Coleman
Fotografia:	David Peers
Edição:	Christian Gazal e Margaret Sixel
Música:	John Powell
Atores principais:	Carlos Alazraqui, Lombardo Boyar, Jeffrey Garcia, Johnny A. Sanchez, Elijah Wood, Brittany Murphy, Hugh Jackman, Robin Williams, Nicole Kidman (vozes)
Produção:	Kingdom Feature Productions
Gênero:	Animação
Duração do filme:	98 minutos

Lances Inocentes

Um menino de 7 anos mostra grande talento para o xadrez. Seu pai decide inscrevê-lo em diversos torneios, nos quais ele é visto como uma revelação.

Porém, com o tempo, a busca pela vitória começa a se tornar uma obsessão, principalmente para o pai, quando é chegado o momento de ambos avaliarem sua relação.

◣ Temas

Adolescência, enxadrista, ritos de passagem, xadrez (movimentos de tabuleiro, estratégias), obsessão pela vitória, relações familiares, talento.

◣ Ficha técnica

Título original:	Searching for Bobby Fischer
Título da tradução brasileira:	Lances Inocentes
Ano:	1993
País:	EUA
Direção:	Steven Zaillian
Roteiro:	Steven Zaillian
Fotografia:	John Corso
Edição:	Wayne Wahrman

Música:	James Horner
Atores principais:	Max Pomeranc, Joe Mantegna, Joan Allen, Ben Kingsley, William Macy, Laurence Fishburne
Produção:	Mirage Entertainment
Gênero:	Animação
Duração do filme:	110 minutos

Madagáscar

Alex (o leão), Marty (a zebra), Melman (a girafa) e Glória (a hipopótamo) são amigos e vivem no zoológico de Manhattan.

Marty quer conhecer o seu hábitat natural e, numa noite, foge do Zoo. Os amigos vão à sua procura e acidentalmente o grupo vai parar na Ilha de Madagáscar, onde precisará sobreviver numa selva verdadeira.

O desenho é encantador e permite o debate de temas ligados ao cotidiano de nossas vidas, mostrando que, às vezes, chega a hora de sair dos limites conhecidos e protetores.

A história faz uma metáfora evidenciando que a adaptação a mudanças é um fator interior e não geográfico. A retirada dos quatro amigos da "cidade" não significou que, ao chegar na "selva", eles estariam automaticamente acostumados com aquela cultura. O fato remete aos cuidados que devem ser tomados em qualquer situação de mudança.

◣ Temas

Cultura, crescimento, curiosidade, mudança, planos, ritos de passagem, superação.

Ficha técnica

Título original:	Madagascar
Título da tradução brasileira:	Madagáscar
Ano:	2005
País:	EUA
Direção:	Eric Darnell e Tom McGrath
Roteiro:	Mark Burton, Billy Frolick, Eric Darnell e Tom McGrath
Edição:	Clare De Chenu, Mark A. Hester, H. Lee Peterson
Música:	Hans Zimmer, Ryeland Allison, James Michael Dooley, James S. Levine, Heitor Pereira
Produção:	Dreamworks
Gênero:	Animação
Duração do filme:	86 minutos

Uma Mente Brilhante

Baseado no livro *A Beautiful Mind: A Biography of John Forbes Nash Jr.*, de Sylvia Nasar, o filme conta a história real do matemático John Nash que, aos 21 anos, formulou um teorema que provou sua genialidade.

Brilhante, ele chegou a ganhar o Prêmio Nobel. Diagnosticado como esquizofrênico pelos médicos, Nash enfrentou batalhas em sua vida pessoal, lutando até onde pôde.

Como contraponto ao seu desequilíbrio está Alicia (Jennifer Connelly), uma de suas ex-alunas com quem se casou e teve um filho.

◥ Temas

Matemática, obstáculos, reconhecimento, superação, talento.

◥ Ficha técnica

Título original:	A Beautiful Mind
Título da tradução brasileira:	Uma Mente Brilhante
Ano:	2001
País:	EUA
Direção:	Ron Howard

Roteiro:	Akiva Goldsman e Sylvia Nasar (livro)
Fotografia:	Roger Deakins
Edição:	Daniel P. Hanley e Mike Hill
Música:	James Horner
Atores principais:	Russell Crowe, Ed Harris, Jennifer Connely, Christopher Plummer, Paul Bettany, Adam Goldberg, Josh Lucas
Produção:	Universal Pictures e Dreamworks
Gênero:	Drama
Duração do filme:	135 minutos

Uma Noite no Museu

O filme segue Larry Daley, que arranja um emprego como segurança noturno em um museu de história natural.

Logo em seu 1º turno, coisas estranhas começam a acontecer: as estátuas e os esqueletos de pessoas e animais ganham vida trazendo muitos problemas.

Em meio ao caos instalado, a única pessoa que pode ajudá-lo é a estátua de cera de Theodore Roosevelt, ex-presidente dos Estados Unidos, que, assim como as demais, ganhou vida.

◣ Temas

Amizade, coragem, fantasia, história natural, relacionamento.

◣ Ficha técnica

Título original:	Night at the Museum
Título da tradução brasileira:	Uma Noite no Museu
Ano:	2006
País:	EUA
Direção:	Shawn Levy
Roteiro:	Ben Garant e Thomas Lennon
Fotografia:	Guillermo Navarro

Edição:	Don Zimmerman
Música:	Alan Silvestri
Atores principais:	Ben Stiller, Robin Williams, Dick Van Dyke, Patrick Gallagher, Carla Gugino
Produção:	20th Century Fox
Gênero:	Comédia
Duração do filme:	109 minutos

A Origem

A Origem gira em torno de ladrões que roubam segredos valiosos do profundo subconsciente durante o sono das pessoas, quando a mente está em seu estado mais vulnerável.

Com esse enfoque, a história segue Don Cobb (Leonardo Di Caprio), especialista em invadir a mente das pessoas. Suas habilidades singulares fazem com que ele seja cobiçado pelo mundo da espionagem e acaba se tornando um fugitivo.

Cobb vai ter sua chance final de redenção condicionada à realização de uma missão impossível: implantar uma ideia estranha na mente de uma pessoa, capaz de levá-la a fazer algo que não quer.

O diretor – que já vinha invertendo códigos desde *Amnésia*, seu filme anterior, quando contou uma história de trás para a frente – uniu entretenimento e reflexão, explorando a arquitetura dos sonhos e os limites da realidade.

O filme vem sendo analisado por filósofos, tecnólogos e especialistas em neurociências e, embora bem desenvolvido, exige dos espectadores bastante atenção para captar todos os seus elementos e nuances.

◣ Temas

Ciência, ficção científica, sonhos, tecnologia.

Ficha técnica

Título original:	Inception
Título da tradução brasileira:	A Origem
Ano:	2010
Países:	EUA/Reino Unido
Direção:	Christopher Nolan
Roteiro:	Christopher Nolan
Fotografia:	Wally Pfister
Edição:	Lee Smith
Música:	Hans Zimmer
Atores principais:	Leonardo Di Caprio, Marion Cottilard, Ellen Page, Cillian Murphy, Joseph Gordon-Levitt, Ken Watanabe, Michael Caine, Tom Berenger
Produção:	Warner Bros.
Gênero:	Ação/mistério/ficção científica
Duração do filme:	148 minutos

Os Piratas do Vale do Silício

O filme mostra como Bill Gates e Steve Jobs fundaram respectivamente a Microsoft e a Apple, e a concorrência entre os dois para ver quem chegava primeiro em diversas ferramentas da informática, assim como as estratégias que utilizaram para criar suas empresas.

◣ Temas

Apple, concorrência comercial, elementos químicos, Microsoft, sucesso, tecnologia.

◣ Ficha técnica

Título original:	Pirates of Silicon Valley
Título da tradução brasileira:	Os Piratas do Vale do Silício
Ano:	1999
País:	EUA
Direção:	Martyn Burke
Roteiro:	Michael Swaine e Paul Freiberger (livro)
Fotografia:	Ousama Rawi
Edição:	Richard Halsey
Música:	Frank Fitzpatrick

Atores principais:	Anthony Michael Hall, Noah Wyle, Bodhi Elfman, Joey Slotnik, John Di Maggio.
Produção:	Haft Entertainment e Turner Network Television
Gênero:	Drama
Duração do filme:	95 minutos

Ratatouille

Em tom de fábula, o filme segue Remy, um talentoso ratinho que sonha com algo maior do que ser apenas um rato para o resto da vida.

Após a morte do *chef* Gusteau, que ele considerava seu ídolo, circunstâncias levam Remy ao seu famoso restaurante e lá ele forma uma parceria com Linguini, um empregado que trabalha na limpeza.

Apesar da resistência da família, Remy se opõe a muitas manias de sua espécie e faz a diferença: quer ser o continuador da obra de Gusteau, não rouba comida, adora cozinhar e luta para tornar-se um *chef*.

De forma muito divertida, o filme mostra que mudar destinos aparentemente traçados não é um sonho impossível.

A afirmativa de Gusteau de que "todos e qualquer um, sem distinção, podem aprender a cozinhar" é uma máxima que não deve ficar limitada ao campo da gastronomia.

E ao lema de Remy para não seguir a orientação da família que tentava impedi-lo de dar outro rumo à sua vida: "Se você só olhar para trás não conseguirá ver o que vem pela frente".

◣ Temas

Determinação, discriminação, modelos mentais, obstáculos, preconceito, superação, tradição, valores.

◤ Ficha técnica

Título original:	Ratatouille
Título da tradução brasileira:	Ratatouille
Ano:	2007
País:	EUA
Direção:	Brad Bird
Roteiro:	Jim Capobianco
Edição:	Darren T. Holmes
Música:	Michael Giacchino
Atores principais:	Patton Oswalt, Ian Holm, Lou Romano, Brian Dennehy, Peter Sohn, Peter O'Toole (vozes)
Produção:	Pixar e Disney Pictures
Gênero:	Animação
Duração do filme:	111 minutos

A Rede Social

A Rede Social, de David Fincher, é baseado no livro *O Bilionário Acidental* (*The Accidental Billionaire*) de Ben Mezrich, que aborda os bastidores da criação do Facebook e seu impressionante e vertiginoso crescimento.

O livro inclui personagens que tiveram papel fundamental na criação do Facebook, entre eles o carioca Eduardo Saverin, amigo de Zuckerberg em Harvard. Saverin foi sócio do *site*, ajudou a viabilizá-lo, mas, segundo consta, quando o negócio começou a dar certo, o americano o excluiu da sociedade e deixou a faculdade de Massachusetts para continuar o projeto.

Zuckerberg é interpretado por Jesse Eisenberg e Andrew Garfield interpreta Saverin. O cantor Justin Timberlake também faz parte do elenco, vivendo o empresário Sean Parker, um dos criadores do Napster.

O filme não é apenas sobre o Facebook. Há uma história irônica por trás disso tudo que fala sobre amizade, poder, lealdade e a necessidade de se conectar com outras pessoas.

Embora o filme trate de um tema que pode ser considerado a última palavra em termos de assunto, é construído sobre temas que não estariam deslocados num passado muito distante como o significado da amizade, a natureza da solidão, o ambiente da comunicação e outras metáforas do gênero.

Como ressalva seu diretor "ninguém faz 500 milhões de amigos sem fazer alguns inimigos".

◤ Temas

Amizade, autoestima, comportamento de grupos, comunicação, conexão, confiança, conflito, criatividade, ética, futurismo, informática, lealdade, redes sociais, talento, tecnologia, traição.

◤ Ficha técnica

Título original:	The Social Network
Título da tradução brasileira:	A Rede Social
Ano:	2010
País:	EUA
Direção:	David Fincher
Roteiro:	Aaron Sorkin
Fotografia:	Jeff Cronenweth
Edição:	Kirk Baxter e Angus Wall
Música:	Trent Reznor e Atticus Ross
Atores principais:	Jesse Eisenberg, Andrew Garfield, Justin Timberlake, Sean Parker
Produção:	Columbia Pictures
Gênero:	Drama
Duração do filme:	120 minutos

Toy Story 3

Ao apresentar as potencialidades da computação gráfica em grafismos tridimensionais, o primeiro filme da série *Toy Story* já tinha se tornado um marco da animação em 1995. Nele o caubói Woody e o astronauta Buzz disputavam o posto de brinquedo favorito do pequeno Andy.

Quatro anos depois, o sucesso rendeu uma continuação e trouxe novos brinquedos. Agora, depois de quinze anos, a Pixar traz de volta os personagens utilizando a tecnologia 3D.

O tempo passou também para Andy, ele cresceu, vai entrar na faculdade e precisar decidir o que fará com seus antigos brinquedos, guardados dentro de um baú no canto do quarto. Por engano, eles acabam sendo doados para uma creche, lá conhecem novos brinquedos e as coisas começam a se complicar.

O filme é comovente, fazendo com que a história daqueles brinquedos e do fim da infância de Andy seja vivida também pelos espectadores de todas as idades.

O filme é o melhor e mais elaborado produto da Pixar até agora e possui vários níveis de leitura, não se esgotando no seu imediato público-alvo.

◥ Temas

Fantasia, humanismo, ritos de passagem, tecnologia.

◤ **Ficha técnica**

Título original:	Toy Story 3
Título da tradução brasileira:	Toy Story 3
Ano:	2010
País:	EUA
Direção:	Lee Unkrich
Roteiro:	John Lasseter, Andrew Stanton e Lee Unkrich
Música:	Randy Newmsn
Edição:	Ken Schretzmann e Lee Unkrich
Atores principais:	Tom Hanks, Tim Allen, Joan Cusack, Ned Beatty, Don Rickles, Michael Keaton, Wallace Shawn, John Ratzenberger (vozes)
Produção:	Disney/Pixar
Gênero:	Animação
Duração do filme:	103 minutos

A Vida em Preto e Branco

Numa pequena cidade dos Estados Unidos, dois irmãos, um garoto e uma menina, ao assistirem à reprise de uma série de tevê da década de 50, são magicamente transportados para o interior do programa.

Eles serão os responsáveis pelas mudanças que ocorrerão na cidade, alterando sua existência alienada e dotando-a de cores e vida. A partir daí, ela nunca mais será a mesma.

Pleasantville, a cidade fictícia do título original, é perfeita. Ninguém tem problemas, todos sorriem, o time de basquete da escola ganha todas e não há conflitos. Mas também não há contestação, criatividade nem desenvolvimento.

Qualquer tentativa de mudança e crescimento é vista como uma ameaça à tranquilidade aparente e àquela zona de conforto estacionária e vivida em preto e branco.

Na riqueza e na metáfora do filme é possível debater inúmeros temas relacionados com o cotidiano de nossas vidas, principalmente o sentido do que é a verdadeira liberdade.

◣ Temas

Censura, criatividade, escolhas, moral, resistência a mudanças, valores.

Ficha técnica

Título original:	Pleasantville
Título da tradução brasileira:	A Vida em Preto e Branco
Ano:	1998
País:	EUA
Direção:	Gary Ross
Roteiro:	Gary Ross
Fotografia:	John Lindley
Edição:	William Goldenberg
Música:	Randy Newman
Atores principais:	Tobey Maguire, Reese Witherspoon, William H. Macy, Joan Allen, Jeff Daniels
Produção:	New Line Cinema
Gênero:	Drama
Duração do filme:	108 minutos

Referências Bibliográficas

ANDREW, J. Dudley (1989) – As Principais Teorias do Cinema. Zahar Editores.

ARNHEIM, Rudolf (1957) – A Arte do Cinema. Lisboa: Edições 70.

AUMONT, Jacques e outros (1995) – A Estética do Filme. São Paulo: Editora Paulinas.

BABIN, Pierre (1989) – A Era da Comunicação. São Paulo: Editora Paulinas.

BENNIS, Warren (1999) – A Invenção de Uma Vida. São Paulo: Campus.

BERNADET, Jean Claude (1984) – O que é Cinema. Coleção Primeiros Passos – Editora Brasiliense.

BONO, de Edward (1992) – Criatividade Levada a Sério. Editora Pioneira.

BRAGA, José Luiz & CALAZANS, Maria Regina (2001) – Comunicação e Educação: Questões Delicadas na Interface. São Paulo: Hacker Editores.

CAPRA, Fritjop (1992) – O Ponto de Mutação. São Paulo: Editora Cultrix.

CAPRA, Fritjop (1996) – A Teia da Vida. São Paulo: Editora Cultrix.

CASTILHO, Áurea (2003) – Filmes para Ver e Aprender. Rio de Janeiro: Qualitymark Editora.

CHAMPOUX, Joseph (2001) – Organizational Behavior: Using Film to Visualize Principles and Practices – South Western College Publishing.

CITELLI, Adilson (2000) – Comunicação e Educação: a Linguagem em Movimento. São Paulo: Editora SENAC.

CLARKE, Arthur C. (1997) – 3001, A Odisseia Final. Rio de Janeiro: Nova Fronteira.

DAMÁSIO, Antônio (2000) – O Mistério da Consciência. São Paulo: Editora Companhia das Letras.

DUARTE, Rosália (2002) – Cinema & Educação. Belo Horizonte: Editora Autêntica.

EISENSTEIN, Sergei (1990) – O Sentido do Filme. Rio de Janeiro: Zahar Editores.

FREIRE, Paulo (1987) – Educação como Prática da Liberdade, 18ª edição. Rio de Janeiro: Paz e Terra.

FREIRE, Paulo (1979) – Educação e Mudança. São Paulo: Editora Paz e Terra.

FREIRE, Paulo (1993) – Política e Educação. São Paulo: Cortez Editora.

HAMEL, Gary (2000) – Liderando a Revolução. Rio de Janeiro: Editora Campus.

HERSKOVITS, Melville J. – Antropologia Cultural – Man and His Works (1969). Editora Mestre Jou.

HIRIGOYEN, Marie-France (1999) – Assédio Moral: A Violência Perversa no Cotidiano. Rio de Janeiro: Ed. Bertrand Brasil.

KOTTER, John (2000) – Liderando Mudanças. Rio de Janeiro: Editora Campus.

LEITE, Luiz Augusto Mattana da Costa & IE (2005) – Consultoria em Gestão de Pessoas – Editora FGV.

LUZ, Marcia e PETERNELA, Douglas (2005) – Lições que a Vida Ensina e a Arte Encena. Editora Átomo.

MANNHEIM, Karl; MERTON, Robert K. e MILLS C. Wright (1967) – Sociologia do Conhecimento. Rio de Janeiro: Zahar Editores.

MARTIN, Marcel (1990) – A Linguagem Cinematográfica. Editora Brasiliense.

MONACO, James (1981) – How to Read a Film. Oxford University Press.

MONTEIRO, José Renato & PAULA, Vera de (1999) – Linguagem Audiovisual e Educação: um (de) bate-papo plausível. Revista Cinemais número 19 – set./out.

MORIN, Edgar (2000) – Educação e Complexidade: Os Sete Saberes e Outros Ensaios. Editora Cortez.

MORIN, Edgar – A Cabeça Bem-Feita (2001). São Paulo: Editora Bertrand.

NAISBITT, John (1999) – Paradoxo Global. São Paulo: Campus.

NASCIMENTO, Leyla (2006) – Gestores de Pessoas – Os Impactos das Transformações no Mercado de Trabalho. Rio de Janeiro: Qualitymark Editora.

NICOLAU, Rosane e outros (2010) – Coletânea – VIII Concurso Municipal de Conto – Prêmio Prefeitura de Niterói.

OLIVEIRA, Heitor Chagas (2003) – O Jogo da Malha Recursos Humanos e Conectividade. Rio de Janeiro: Qualitymark Editora.

OLIVEIRA, Milton de (2000) – Caos, Emoção e Cultura – Teoria da Complexidade e o Fenômeno Humano. Editora Ophicina de Arte & Prosa.

PICARD, Rosalind (1997) – Affective Computing. MIT Press.

RIESMAN, David (1961) – A Multidão Solitária. São Paulo: Editora Perspectiva – Coleção Debates C. Sociais.

SANTARÉM, Robson Goudard (2004) – Precisa-se (De) Ser Humano. Rio de Janeiro: Qualitymark Editora.

SAVIOLI, Nelson (2005) – Reflexões sobre o Exemplo. Rio de Janeiro: Qualitymark Editora.

SENGE, Peter (1990) – A Quinta Disciplina. Porto Alegre. Editora Best-Seller.

STAM, Robert (1997) – Tropical Multiculturalism – A Comparative History of Race in Brazilian Cinema & Culture. Duke University Press.

TROMPENAARS, Fons (1992) – Nas Ondas da Cultura. São Paulo: Editora Educator.

WILLIAMSON, Marianne (1992) – "Our Deepest Fear", de "A Return to Love: Reflections on the Principles of a Course in Miracles". HarperCollins.

Outros Títulos Sugeridos

Leve seu Gerente ao Cinema

O livro apresenta um roteiro que objetiva dar uma indicação de quais temas podem ser trabalhados e analisados com a utilização de vários filmes. Por exemplo, se a ideia é trabalhar o clima organizacional na empresa, uma das opções seria utilizar o filme *O Informante*, em que a questão da ética é passada de forma inteligente e instigante. A criatividade, por sua vez, pode ser trabalhada com o filme Orfeu, em que o diretor realizou uma excelente adaptação da tragédia grega antiga.

Desta forma, diversos outros filmes são apresentados revelando, de maneira clara e objetiva, o poder do cinema no processo de evolução e desenvolvimento humano.

Autora: Myrna Silveira Brandão
2ª Edição
Número de páginas: 256

Outros Títulos Sugeridos

Luz, Câmera, Gestão
A Arte do Cinema na Arte de Gerir Pessoas

A grande sacada da obra é com certeza a utilização de curtas-metragens, já que muitas vezes não há tempo hábil para a exibição de um longa-metragem inteiro, podendo fazer com que o trabalho não fique completo. Um verdadeiro presente para consultores e especialistas em RH, o livro também é uma boa fonte de consulta para profissionais de outras áreas como médicos, jornalistas, advogados, publicitários, esportistas e várias outras. A autora analisa 60 filmes com as respectivas indicações dos temas que poderão ser usados em programas de treinamento e desenvolvimento. Os filmes indicados dividem-se em curtas (17 títulos) e longas-metragens (43 títulos). Myrna sugere o cinema como objeto de estudo, debate e transposição das questões apresentadas nos filmes para área de Administração, Gestão de Pessoas e Gerência. Ao juntar as cenas dos filmes incluídos neste livro com o conteúdo de treinamento é criada uma experiência de aprendizado compartilhado. O livro é um guia de orientação e trabalho para o público interessado no mundo da gestão de pessoas e da Administração, como ciência e como prática.

Autora: Myrna Silveira Brandão
Número de páginas: 240

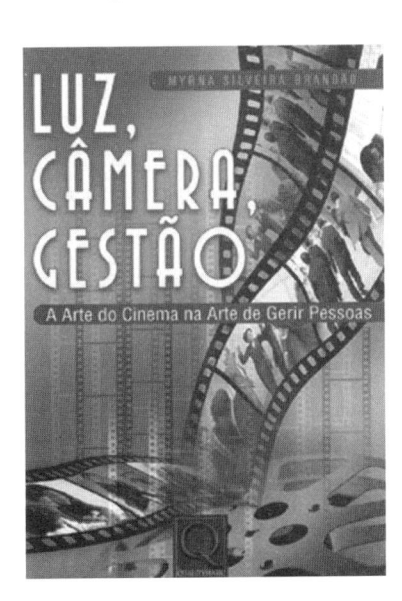

QUALITYMARK EDITORA

Entre em sintonia com o mundo

QualityPhone:

0800-0263311

Ligação gratuita

Qualitymark Editora
Rua Teixeira Júnior, 441 – São Cristóvão
20921-405 – Rio de Janeiro – RJ
Tels.: (21) 3094-8400/3295-9800
Fax: (21) 3295-9824
www.qualitymark.com.br
e-mail: **quality@qualitymark.com.br**

Dados Técnicos:

• Formato:	16 x 23 cm
• Mancha:	12 x 19 cm
• Fonte:	News702BTt
• Corpo:	10,6
• Entrelinha:	13,6
• Total de Páginas:	192
• 1ª Edição:	Julho de 2011
• Gráfica:	Sermograf